Claire und Curt Cloninger
E-Mail von Gott für Teens und die Generation @

AF185133

Claires Widmung

Für Alan und Kellie und die Jugendgruppe in der «Christ Church» in Mobile, Alabama, und für alle Jugendpastoren und Jugendgruppen überall in der Welt, die ihrer Umgebung Jesus jeden Tag aufs Neue groß machen.

Curts Widmung

Für Rophe & Nissi, Matt Harris, Laura, Tiffany, Elizabeth Lovell, Katie Murphy, Daniel Sanford, Jacob Ingersoll und all die anderen Kämpfer in dieser neuen Welle der Schar Gottes.

Eine kleine Randbemerkung

Die folgenden Mails sind natürlich nicht wirklich «E-Mails von Gott». Sie sind aber von den Autoren Claire und Curt Cloninger so geschrieben, dass sie den Texten und Intentionen der Bibel folgen und die dort gemachten Aussagen und Verheißungen Gottes möglichst gewissenhaft aufgreifen. Der Verlag.

Claire und Curt Cloninger

E-Mail von Gott für Teens und die Generation @

fontis

Bibliografische Information Der Deutschen Bibliothek
Die Deutsche Bibliothek verzeichnet diese Publikation in der
Deutschen Nationalbibliografie; detaillierte bibliografische Daten
sind im Internet über http://dnb.ddb.de abrufbar.

Die Bibelstellen sind, soweit nicht anders angegeben, der
revidierten «Hoffnung für alle» (2002) entnommen.

Titel der amerikanischen Originalausgabe:
More E-Mail from God for Teens
erschienen bei Honor Books (an Imprint of Cook Communication
Ministries), 4050 Lee Vance View, Colorado Springs, CO 80918,
USA
© 2000 by Claire Cloninger & Curt Cloninger

Aus dem Amerikanischen von Christian Rendel

3. Neuauflage 2023
© 2014 by Fontis-Verlag Basel
Umschlag: Spoon Design, Olaf Johansson, Langgöns
Foto Umschlag: Aleshyn_Andrej, ostill, Shutterstock.com
Satz: InnoSET AG, Justin Messmer, Basel
Druck: Arka
Printed in Polen

ISBN 978-3-03848-087-7

Einleitung

Wie ist Gott? Ist er wie so ein Schuldirektor, der dauernd mit finsterem Blick herumläuft und einem Gardinenpredigten hält? Wenn du seine Nummer wählst, kriegst du dann immer ein Besetztzeichen? Hängt er immer, wenn die Leute ihm auf die Nerven gehen, ein «Mittagspause»-Schild an seine Tür und macht seinen Himmelsladen dicht? Oder ist er vielleicht so ein schlaffer kleiner Angestellter im Süßwarenladen des Lebens, der nur darauf wartet, dir genau das zu geben, was du willst, und zwar genau in dem Moment, in dem du es hier und jetzt willst?

Über Gott sind haufenweise falsche Vorstellungen im Umlauf. Aber Gott will, dass du ihn so kennen lernst, wie er wirklich ist. Er will, dass du verstehst, dass er ein großartiger Schöpfer ist, der dich geschaffen hat und der dich liebt. Er will dir als liebevoller Vater begegnen, der stolz ist auf dich, sein eigenes Kind. Er will, dass du entdeckst, dass er dein bester Freund ist, der immer zu dir hält, egal, was dir im Leben passiert. Du musst noch nicht einmal im Weltraum herumschweben, um Kontakt zu ihm aufzunehmen. Er ist ja schon dabei, Kontakt zu dir zu suchen. Davon zeugt die Bibel, davon zeugt die Erlösungstat von Jesus, und davon zeugen vielleicht auch diese E-Mails.

Also logge dich jetzt ein, und stürz dich in das Abenteuer, ihn persönlich kennen zu lernen. Das wird dein Leben total umkrempeln. Ehrlich!

Claire und Curt Cloninger

Zeichen-Erklärung:

```
:-)   fröhliche Bemerkung; Freude
;-)   Augenzwinkern
:-(   traurige Bemerkung
:,-(  Weinen; Trauer
>:-(  zornige Bemerkung
:-o   Staunen
```

Richtet nicht nach dem äußeren Schein,
sondern urteilt gerecht!

| Johannes | 7,24 |

Na, mal wieder online? ;-)
>Es ist nicht immer alles so, wie es auf den ersten Blick erscheint. Eine Raupe sieht so aus, als würde nie was anderes aus ihr werden als eine Made, die auf dem Bauch herumkriecht. Aber später bekommt sie Flügel, und sie flattert in den herrlichsten Farben herum. Im Winter sieht es so aus, als wären alle Bäume tot. Dann kommt der Frühling um die Ecke, und plötzlich sind dieselben Bäume voller Blüten und grüner Blätter. Du brauchst dir also nur die Natur anzuschauen, dann siehst du, dass im Leben mehr steckt, als man auf den ersten Blick sieht. :-o Bei den Menschen ist es genauso. Gib niemanden auf. Kann sein, du triffst einen total schüchternen Typen, und dann stellt sich heraus, dass er tausend aufregende Geschichten und witzige Sprüche auf Lager hat. Oder du findest heraus, dass der brutalste Schläger aus der Nachbarschaft ein kleines Kätzchen namens Flauschi liebevoll umsorgt.
Rechne immer damit, etwas Gutes an den Leuten zu entdecken, und mit der Zeit wirst du sie so sehen wie ich – als liebenswert und achtenswert.
Dein Vater im Himmel,
>Gott

Zürnet ihr, so sündiget nicht;
redet in eurem Herzen auf eurem Lager und seid stille.

(Luther 1999) Psalm   4,5

Hallo, wie geht es dir heute?
>Hat dir schon mal jemand gesagt: «Schlaf erst mal drüber»? Manchmal ist man so stinkig wegen irgendwas, dass man gar nicht mehr geradeaus denken kann. Das ist aber kein guter Moment, um eine Entscheidung zu treffen. Wenn du sauer bist, kann es dir leicht passieren, dass du mit irgendwelchen Grobheiten um dich schmeißt und hinterher denkst: «Ich fasse es nicht, dass ich so etwas gesagt habe.» :,-(
Mein Rat: Warte ab. Wenn du Wut im Bauch hast, mach erst mal gar nichts. Wenn jemand dich unter Druck setzt, irgendetwas zu entscheiden, während du wütend bist, sag ihm: «Ich muss erst darüber nachdenken. Ich sag dir dann Bescheid.» Dann kühl dich ab und bete darüber. Frag mich, wie ich über die Situation denke. Atme tief durch. Zähl bis hundert. Egal was, nur komm zur Ruhe. Klar, natürlich hast du Gefühle. Aber du musst dich nicht von ihnen herumscheuchen lassen. Ich möchte, dass du deine Gefühle beherrschst, nicht umgekehrt.
Dein Friedensexperte, ;-)
>Gott

Ja, vertraut dem Herrn für immer,
denn er, unser Gott, ist ein starker Fels für alle Zeiten.

| Jesaja | 26,4 |

Hallo, du!
>Immer und ewig ist ziemlich lang. :-) Ein Schriftsteller hat es mal so beschrieben: Stell dir alle Sandkörner der ganzen Welt auf einem einzigen riesigen Haufen vor. Einmal in einer Million Jahre kommt ein Vogel und nimmt ein einziges Sandkörnchen von dem Haufen weg. Wenn der ganze Berg endlich abgetragen ist, muss der arme Vogel den Sand auf dieselbe Weise wieder zurückbringen und ihn dann wieder wegtragen. Und das Ganze noch eine Million Mal. Und in dieser ganzen Zeit wird nur ein Bruchteil einer Sekunde der Ewigkeit vergangen sein. :-o
Wenn du einen rauen Stein in einen strömenden Bach wirfst, wird dieser Stein irgendwann glatt poliert sein. Lässt du ihn noch länger in dem Bach, wird er irgendwann zu Sand zermahlen sein. Aber ich bin der ewige Fels. Ich kann niemals zermahlen werden. Ich bin heute so stark und zuverlässig, wie ich es immer gewesen bin. Und ich werde immer stark und zuverlässig sein. Also verlass dich auf mich, ich lasse dich niemals fallen.
Dein Fels,
>Gott

Ich bin der Herr, dein Gott; ich habe dich aus
der Sklaverei in Ägypten befreit. Du sollst außer mir keine anderen
Götter verehren!

| 5. Mose | 5,6–7 |

Hallo, wie läuft es bei dir?
>Würdest du mit mehr als einem Freund oder einer
Freundin gleichzeitig zusammen sein? Vielleicht,
aber bestimmt nicht lange. Irgendwann würdest du
wahrscheinlich den einen oder die andere vorziehen.
(Falls sie dir nicht beide vorher den Laufpass geben,
weil du dich nicht entscheiden kannst.)
Den Pokal der Champions League können sich nicht
zwei Mannschaften teilen. Bei mir ist das genauso.
Ich werde mir die Trophäe deiner Liebe nicht mit
einem anderen Gott teilen. Magst du zu 50 Prozent
mich und zu 50 Prozent Musik? Oder zu 50 Prozent
mich und zu 50 Prozent «Star Wars»? Es macht mir
nichts aus, dass du auch andere Dinge gerne magst,
aber wenn dir irgendetwas genauso wichtig ist wie
ich, dann wird es dir irgendwann noch wichtiger
werden. So läuft das nun einmal. Es kann nur eine
Nummer 1 geben. Ich bitte dich, lass mich deine
Nummer 1 sein. Du bist auch meine Nummer 1. Ich
hoffe, du weißt das.
Hoffentlich dein Champion, :-)
>Gott

Was manche sagen, ist sagenhaft

Du sollst meinen Namen nicht missbrauchen,
denn ich bin der Herr, dein Gott! Ich lasse keinen ungestraft,
der das tut.

| 5. Mose | 5,11 |

Schalom, wie geht's dir?
>Um meinen Namen zu missbrauchen, musst du ihn
nicht unbedingt zum Fluchen benutzen; da gibt es
noch einen Haufen anderer Möglichkeiten. Wenn du
sagst: «Gott hat mir gesagt, ich soll ins Spielcasino
gehen», obwohl ich dir das nie gesagt habe, dann
missbrauchst du meinen Namen. Oder wenn du sagst:
«Gott stört es nicht, wenn ich rauche», obwohl ich
dir das nie gesagt habe, dann missbrauchst du
meinen Namen. Wenn du sagst: «Gott ist es egal, ob
wir an Jesus glauben, solange wir nur unser
Vertrauen auf irgendetwas setzen», dann
missbrauchst du meinen Namen. >:-(
Es gibt haufenweise Leute, die mir Sachen in den
Mund legen, die ich nie gesagt habe, und mich ganz
anders darstellen, als ich wirklich bin. Wenn du
wissen willst, wie ich tatsächlich bin, lies die Bibel.
Ich habe dieses Buch schreiben lassen. Dir würde es
auch nicht gefallen, wenn jemand herumlaufen und
Blödsinn über dich erzählen würde. Mir eben auch
nicht. Bevor du jemandem erzählst, wer ich bin,
finde bitte erst selbst heraus, wer ich bin. Lies meine
Bibel. Lerne mich richtig kennen.
Dein einzig wahrer >Gott

Hab kein Elefantengedächtnis

Wenn du eine Opfergabe zum Altar bringst und dir fällt plötzlich ein, dass dein Bruder dir etwas vorzuwerfen hat, dann lass dein Opfer am Altar zurück, geh zu deinem Bruder und versöhne dich mit ihm. Erst danach bring Gott dein Opfer dar.

| Matthäus | 5,23–24 |

Hallo, ich bin's wieder!
>Ein gutes Gedächtnis ist nicht immer gut. Mir ist es lieber, wenn du nicht lange auf jemanden sauer bist. Klar, manchmal können dir die Leute schon auf die Nerven gehen – Geschwister, Freunde und Leute, die du nicht leiden kannst. Aber ich will, dass du mit den Leuten um dich herum in Frieden lebst. Wenn du Obdachlosen zu essen gibst, nett zu Kids bist, die von allen als «bescheuert» bezeichnet werden, und auf deinem T-Shirt groß und breit «I love Jesus» stehen hast, aber du deinen großen Bruder hasst, weil er sich über dich lustig gemacht hat – nun, soll ich mich darüber etwa freuen? :-(
Deine Liebe zu mir kannst du zeigen, indem du die Leute um dich herum liebst und ihnen vergibst. Wenn du die Wahl hast, mir ein Loblied zu schreiben oder dich bei jemandem zu entschuldigen, ist es mir lieber, du entschuldigst dich zuerst. Wenn du dann das Loblied schreibst, kommt es auch aus einem liebenden Herzen. Mir ist es wichtig, dass deine Beziehungen in Ordnung sind.
Dein Freund,
>Gott

Lass los, was dir wehtut

Es heißt bei euch: «Liebt eure Freunde und hasst eure Feinde!»
Ich sage aber: Liebt eure Feinde und betet für alle, die euch
verfolgen!

(Matthäus)　　(5,43–44)

Wie geht es dir heute?
>Wenn du dich irgendwo schneidest oder dir eine
Schramme holst, heilt das irgendwann wieder. Dein
Körper sagt dann nicht: «Du mieser, blöder
Dornbusch! Du hast mir wehgetan, und das verzeihe
ich dir nie. Ich werde diesen Kratzer für immer mit
mir herumtragen, damit er mich daran erinnert, wie
fies du bist!» Dein Körper weiß, dass so ein
unversöhnliches Verhalten nur ihm selbst schadet.
Ob der Kratzer bleibt oder nicht, ist dem Dornbusch
vollständig egal.
Genauso ist es, wenn jemand dir mit einer ätzenden
Bemerkung wehtut. Schlepp diese Worte nicht mit dir
herum. Damit schadest du dir nur selbst. Eines der
besten Heilmittel für verletzte Gefühle ist es, für den
Menschen, der dir wehgetan hat, Gottes Segen zu
erbitten. Ich weiß, das hört sich verrückt an. Aber
wenn du für deine Feinde betest, haben ihre
verletzenden Worte keine Macht mehr über dich. Ich
möchte, dass du jeden liebst. Ich helfe dir dabei.
Auch diesbezüglich dein Chefarzt, ;-)
>Gott

Wie viel ist «genug»?

Begehre auch nichts von dem, was deinem Mitmenschen gehört:
weder sein Haus noch sein Feld, seinen Knecht oder seine Magd,
Rinder, Esel oder irgendetwas anderes, was ihm gehört.

| 5. Mose | 5,21 |

Na, wie geht's?
>Neid ist eine üble Sache. Klar ist es okay, wenn du
den neuen Computer eines anderen cool findest.
Kritisch wird es aber, wenn du nachts wach liegst und
nur noch daran denken kannst, dass du diesen
Computer für dich haben willst. Wenn du dir
wünschst, die Sachen eines anderen würden dir
gehören, ist es nicht mehr weit bis zum Stehlen. Aber
selbst wenn es nicht so weit kommt – unzufrieden
wirst du dadurch allemal.
Stell dir vor, du schenkst deiner kleinen Schwester
eine tolle Puppe, die du für sie ausgesucht hast, und
sie sagt bloß: «Die ist aber anders als die im
Fernsehen! Ich will die Puppe aus dem Fernsehen!»
Wie würdest du das finden? :,-(Ehrlich, ich bin
ziemlich gefrustet, wenn du mit dem, was ich dir
gebe, nicht zufrieden bist. Passt dir deine Haarfarbe
nicht? Findest du deine Nase zu groß? Hättest du
lieber den Körper von jemand anderem? Ich wünsche
mir, dass du mit deinem Leben zufrieden bist. Ich
liebe dich so, wie du bist. Weißt du, wie du zufrieden
werden kannst? Indem du mir für das dankst, was du
hast. :-)
Dein dich immer liebender Vater, >Gott

Der Herr ist unser Gott, der Herr allein. Ihr sollt ihn von ganzem Herzen lieben, mit ganzer Hingabe, mit all eurer Kraft.

| 5. Mose | 6,4–5 |

Hallo, alles klar bei dir?
>Ich bin ein Mike-Fan. Im Ernst, was Sport angeht, finde ich Michael Jordan Spitze. Er ist ein Mensch wie jeder andere auch. Aber bei ihm habe ich noch nie erlebt, dass er auf dem Basketballcourt weniger als die volle Power gegeben hat. Er gibt immer hundert Prozent. Selbst wenn seine Mannschaft mit vierzig Punkten vorn liegt, will Jordan immer noch das Beste aus sich rausholen.
So wünsche ich es mir auch von dir. Liebe mich mit allem, was du hast. Liebe mich mit deinem Körper – tanze, laufe, spiel ein Musikinstrument, fahre Skateboard, gib hungrigen Leuten etwas zu essen. Liebe mich mit deinen Gefühlen – weine, schreie, lache, singe. Liebe mich mit deinen Gedanken – schreib Gedichte, löse schwierige Probleme, zeichne wunderbare Bilder. Ich bin voller Leidenschaft! Schau dir nur diese total bunte und intensive Welt an, die ich geschaffen habe. Ich mache keine halben Sachen. Ganz oder gar nicht. Mach du es genauso. Geh aufs Ganze!
Dein Volle-Power-Schöpfer, :-)
>Gott

Ist er nicht euer Vater? Hat er euch nicht geschaffen? Ja, er ist
euer Schöpfer, euer Leben kommt aus seiner Hand.

| 5. Mose | 32,6 |

Na, wieder auf Empfang?
>Manchmal höre ich Leute sagen: «Musik ist mein
Leben.» Andere sagen: «Mein Freund ist mein
Leben.» Wieder andere finden: «Computer sind mein
Leben.» Wenn etwas dein Leben ist, dann bedeutet
dir dieses Etwas alles. Es ist dann wichtiger als alles
andere. Und ohne dieses Etwas ist dein Leben schnell
völlig sinnlos.
Aber wer sagt schon: «Gott ist mein Leben»? :-(Ich
bin der, der dich geschaffen hat, und ich habe dich
gemacht, damit du mich kennen lernst. Ich will mit
dir zusammen sein. Ich will dir Dinge sagen, will dir
grandiose Sachen zeigen, will mit dir reden, mit dir
lachen, mit dir weinen, mit dir tanzen, mit dir
singen. Das Tollste, Beste, Größte, was man
überhaupt erleben kann, ist eine echte Beziehung zu
mir. Trotzdem leben und sterben viele Leute, ohne
mich je kennen gelernt zu haben. Und das macht
mich total traurig. :,-(Möchtest du, dass ich dein
Leben bin? Ich garantiere dir: Du wirst es nicht
bereuen!
Dein volles Leben,
>Gott

Ein Einziger von euch verjagt tausend Feinde!
Denn der Herr, euer Gott, kämpft selbst für euch, wie er es
versprochen hat.

| Josua | 23,10 |

Hallo, alles im Griff?
>Am Ende eines Actionfilms ist der Held immer von
allen Seiten umzingelt von einer hoffnungslosen
Übermacht der Schurken. Doch wie durch ein Wunder
ist der Held immer derjenige, der den Showdown
überlebt. Wie macht er das nur? Na ja, das ist eben
Kino. ;-)
Aber ich kann wirklich solche Wunder für dich tun. Du
brauchst mir deine Feinde nur zu nennen – Jähzorn,
Niedergeschlagenheit, Sucht, Traurigkeit, Angst.
Egal, wie viele es auch sind, ich werde sie in Panik
versetzen und sie in die Flucht schlagen. Vergiss
nicht, ich bin Gott. Ich habe alles in meiner Hand.
Ich kann alles tun, und ich will für dich kämpfen.
Lass dich also nicht unterkriegen, wenn es so
aussieht, als wärst du hoffnungslos unterlegen. Bete
einfach: «Herr, hier sind überall Schurken. Ich
brauche deine Hilfe!» Dann springe ich dir zur Seite.
Du bist nicht allein in der Klemme. Ich will dir da
heraushelfen.
Deine stärkste Streitmacht, :-)
>Gott

Preist den Herrn, denn er ist gut,
und seine Gnade hört niemals auf.

| 1. Chronik | 16,34 |

Schön, dass du da bist!
>Ich werde nie aufhören, dich zu lieben. Egal, was du tust, ich werde dich immer lieb haben. Selbst wenn du sagst, dass du mich hasst, liebe ich dich immer noch. Wenn du mir ungehorsam bist und anderen Schaden zufügst, liebe ich dich. Wenn du Fehler machst, liebe ich dich trotzdem. Wenn du berühmt wirst und all deine alten Freunde vergisst, habe ich dich immer noch lieb. :-o
Wenn sich all deine Freunde gegen dich wenden und öffentlich sagen, dass sie dich verachten, liebe ich dich immer noch. Wenn du das jetzt gerade liest und dabei denkst: «Klar doch, der kann mir viel erzählen!», liebe ich dich trotzdem immer noch.
Die Wahrheit ist, nichts und niemand kann mich dazu bringen, dich nicht mehr zu lieben. Das ist eine gute Nachricht. Sie bedeutet: Egal, wie viel Mist du baust, egal, wie viele Leute dich aufgegeben haben, ich werde dich niemals aufgeben. Meine Liebe wird immer für dich da sein. Ich werde dich für immer lieben. :-)
Das Banner über dir ist die Liebe,
>Gott

Ich kann es nachfühlen

Ich juble vor Freude, weil du mich liebst.
Dir ist meine Not nicht entgangen; du hast erkannt,
wie niedergeschlagen ich bin.

Psalm	31,8

Hallo, wie geht es dir heute?
>Kennst du den Ausdruck: «Das kann ich nachfühlen»? Nun, glaube mir: Ich kann deinen Schmerz wirklich nachfühlen. Als mein Sohn Jesus am Kreuz hing, fühlte er alles Böse, was je einem Menschen angetan wurde. Hat dich diese Woche ein guter Freund enttäuscht und deine Gefühle verletzt? Jesus hat es am Kreuz gefühlt. Hat ein Verwandter dir körperlich wehgetan, als du klein warst? Jesus hat es am Kreuz gefühlt. :,-(
Auch in diesem Augenblick weiß ich ganz genau, was du gerade durchmachst. Auch wenn niemand sonst dich versteht, ich kann in dein Herz hineinsehen. Wenn du am Boden bist und du das Gefühl hast, dass dein Herz in Stücke gerissen wird, dann weiß ich es. Komm mit deinem Schmerz zu mir. Erzähl mir alles darüber. Ich werde mit dir traurig sein. Und am Ende werde ich deinen Schmerz wegnehmen und dir meine Freude geben. So sehr liebe ich dich. :-o
Dein Tröster,
>Gott

Denn was der Herr sagt, das meint er auch so, und auf das,
was er tut, kann man sich verlassen. Er liebt Recht und
Gerechtigkeit; seine Güte könnt ihr auf der ganzen Erde erfahren.

| Psalm | 33,4–5 |

Schalom!
>Du lebst in einer Welt voller Lug und Betrug. Selbst
die besten Menschen lügen dann und wann. Aber ich
lüge und betrüge niemals. Ich tue niemals etwas
Falsches. Ich wende mich niemals ab, wenn jemand
mich braucht. Ich bin immer für diejenigen da, die
hilflos sind. Die Schwachen verteidige ich, und
denjenigen, die andere schikanieren, trete ich
entgegen. Ich bin immer voller Liebe. Ich tue immer
das Richtige.
Willst du für oder gegen mich sein? Wenn du gegen
mich bist, schadest du damit am Ende nur dir selbst.
Jeder, der betrügt oder lügt oder die Schwäche
anderer ausnutzt, ist gegen mich. >:-(Am Ende kann
dieser Weg nur zum Scheitern führen. Wenn du für
mich bist, dann machst du den Mund auf, wann
immer du Unrecht siehst. Wenn du für mich bist,
hilfst du Leuten, die Hilfe brauchen – den
gescheiterten Existenzen, den Armen, den Traurigen,
den Ungeliebten, den Abstoßenden. Wenn du für
mich bist, lässt du dich von mir gebrauchen, um
meine Liebe in die Welt zu tragen. Ich möchte Gutes
bewirken. Willst du mir dabei helfen?
Dein gerechter Helfer, >Gott

Wie kostbar ist deine Güte, o Gott:
Bei dir finden Menschen Schutz und Sicherheit.

| Psalm | 36,8 |

Mein Segen sei mit dir!
>Manche alten Gegenstände und Schätze sind von unermesslichem Wert. Die ägyptischen Pyramiden zum Beispiel könnte man für alles Geld der Welt nicht kaufen. Ein menschliches Leben erachte ich als unendlich kostbar, und deswegen hasse ich auch die Sklaverei so sehr. Deine Eltern sind ebenfalls unendlich kostbar. Ohne sie würde es dich nicht geben!
Auch du bist für mich unendlich kostbar, und ich möchte, dass meine Güte und Liebe dir ebenso kostbar sind. Wie viel würdest du dafür bezahlen, dass jemand dich vollkommen liebt und akzeptiert? Wie viel würdest du für eine Liebe bezahlen, die niemals aufhört? Wie viel würdest du dafür bezahlen, von jemandem geliebt zu werden, der sich immer um dich kümmert, immer auf dich aufpasst und dich niemals aufgibt, was auch immer passiert? Meine Liebe ist unendlich kostbar, und trotzdem verschenke ich sie. Ich will kein Geld dafür. Meine Liebe ist die wertvollste Sache der Welt. Komm, hol dir was davon. :-)
Dein kostbarster Schatz,
>Gott

Halte es nicht geheim

Nie will ich verschweigen, wie du uns befreit hast.
Vor der ganzen Gemeinde rede ich von deiner Treue und Hilfe;
ich erzähle, wie ich deine Liebe und Zuverlässigkeit
erfahren habe.

| Psalm | 40,11 |

Na, alles okay bei dir?
>Eine der besten Möglichkeiten, ein neues Produkt
unter die Leute zu bringen, ist die
Flüsterpropaganda. Wenn deine Freunde dir erzählen,
dass der neue Western-Super-Duper-Burger einfach
galaktisch schmeckt, bewirkt das viel mehr, als wenn
du in der Werbung hörst, wie gut er sein soll. Ist ja
klar, dass die Werbung immer sagt, dass er toll ist.
Die wollen dir ja dein Geld aus der Tasche leiern. Aber
wenn deine Freunde das sagen, dann sagen sie bloß,
was sie denken.
Hast du meine Zuverlässigkeit erfahren? Hast du
Trost bei mir gefunden? Hast du Freude an mir?
Bedeutet dir meine Liebe etwas? Dann erzähl deinen
Freunden von mir. Sie kennen dich. Dir werden sie
ganz bestimmt eher glauben als irgendeinem
Wort-zum-Sonntag-Redner. :-) Erzähl deinen
Freunden von der Bibel. Erzähl ihnen von Jesus und
vom Kreuz. Leih ihnen dieses Buch. Behalte mich
nicht für dich. Gib die gute Nachricht weiter.
Schlechthin die besten News,
>Gott

Du wirst Geduld brauchen

Wie lange noch sollen Sorgen mich quälen, wie lange soll der Kummer Tag für Tag an mir nagen? Wie lange noch wird mein Feind über mir stehen? Herr, mein Gott, wende dich mir wieder zu und antworte mir!

> **Psalm** **13,3–4**

Hallo, du!
>Das mit der Zeit ist schon komisch. Für mich ist ein Tag wie tausend Jahre, und tausend Jahre sind wie ein Tag. Ich stehe außerhalb der Zeit. Die Zeit ist nur etwas, was ich geschaffen habe und worin du lebst. Ich bin in die Zeit hineingegangen, als ich Jesus auf die Erde sandte. Ich weiß also genau, wie frustrierend die Zeit sein kann.
Aber ich weiß auch, was für dich das Beste ist. Geduld kannst du nur lernen, indem du wartest. Manche Leute beten: «Oh Herr, lehre mich Geduld, aber bitte sofort!» ;-) Aber so hat das keinen Sinn. Um Geduld zu lernen, braucht es Zeit. Ich höre deine Gebete. Bete weiter. Manchmal antworte ich schnell. Aber wenn ich dir beibringen will, mir zu vertrauen, egal was auch passiert, werde ich dich vielleicht auch mal warten lassen. Wenn du lernen kannst, mir zu vertrauen und auf meinen Zeitpunkt zu warten, werde ich durch dich große Dinge bewirken. Willst du mir vertrauen?
Der Zeitlose, ;-)
>Gott

Du durchschaust meine geheimsten Gedanken und Gefühle,
durchforschst mich auch in der Nacht.
Du prüfst mich, aber du findest nichts, nicht einmal zu bösen
Worten habe ich mich hinreißen lassen!

| Psalm | 17,3 |

Schalom!
>Warst du schon mal in einer Hamburgerbude, wo
man den halb pennenden Angestellten beim Laufen
die Schuhe besohlen konnte? Vier oder fünf Mal hast
du dir das gefallen lassen, aber dann hast du dir
geschworen: «Jetzt reicht's mir! Bei McSchnarch esse
ich nie wieder!» Und? Hast du deinen Schwur
gehalten? Wie war das, als deine Freunde das nächste
Mal sagten: «Kommt, wir essen was bei McSchnarch!»
Hast du dann gesagt: «Nee, ohne mich, nie wieder!»
Manche meiner Kinder sind ziemlich stur. Der Trick
ist, deine Sturheit zum Guten zu nutzen. Nimm dir
ganz fest vor: «Egal was passiert, aus meinem Mund
sollen nur positive Worte kommen.» Das ist ein
Schwur, bei dem ich dir gern helfe, ihn auch
tatsächlich einzuhalten. Manchmal musst du dir
vielleicht auf die Zunge beißen, aber wenn du dir
vornimmst, wenn möglich nur positive Dinge zu
sagen, helfe ich dir dabei – selbst wenn du gerade bei
McSchnarch in der Schlange stehst! ;-)
Dein Helfer,
>Gott

Sooft ich dachte:
«Jetzt ist alles aus!», halfst du mir in Liebe wieder auf.

| Psalm | 94,18 |

Grüß dich, ich bin's schon wieder!
>Hast du schon mal Steilwandklettern gemacht?
Dabei wirst du mit einem Seil an einem Flaschenzug
festgehakt, und dann kletterst du los. Es geht
mächtig steil die zerklüftete Felswand hinauf.
Manchmal hast du nur eine winzige Kante, an der du
dich festhalten kannst. Bis du den nächsten Halt
gefunden hast, musst du dich mit den bloßen
Fingerspitzen daran festklammern.
Manchmal rutschst du mit dem Fuß oder mit den
Fingern ab oder greifst nach einer Kante, die keinen
Halt bietet. Dann fällst du. Aber das Gute ist, du
fällst nicht weit, denn das Seil fängt dich auf, und du
kannst einfach weiterklettern. Ohne so eine
Sicherheitsleine wäre es der pure Wahnsinn, an so
einer Steilwand herumzuklettern. Es wäre viel zu
gefährlich, denn selbst die besten Kletterer rutschen
immer mal wieder ab und fallen. Auch das Leben ist
wie eine Steilwand, und meine Liebe ist wie dein Seil.
Klettere, so gut du kannst. Und wenn du dich nicht
mehr festhalten kannst, wird meine Liebe dich
auffangen.
Deine verlässliche Sicherheitsleine, :-)
>Gott

Ich liebe den Herrn, denn er hat mich erhört,
als ich zu ihm um Hilfe schrie.

<table>
<tr><td>Psalm</td><td>116,1</td></tr>
</table>

Wie geht es dir heute?
>Denk mal an deinen besten Freund. Hast du
vielleicht eines Tages einfach beschlossen, diese
Person zu deinem besten Freund zu machen? Nein, du
und dein bester Freund, ihr habt wahrscheinlich
allerhand zusammen erlebt. Vielleicht hat dein
bester Freund dich irgendwann angerufen und um
Hilfe gebeten, und du konntest ihm bei einer
schwierigen Hausaufgabe helfen. Vielleicht hatten es
eines Tages ein paar Typen in der Schule auf dich
abgesehen, und dein bester Freund kam dir zu Hilfe.
Dein bester Freund ist dein bester Freund, weil diese
Person sich immer wieder so verhalten hat, wie es ein
bester Freund eben tut.
Bei mir ist es genauso. Ich möchte dein bester
Freund sein, wenn du mich lässt. Ruf mich, wenn du
Schwierigkeiten hast. Verbringe Zeit mit mir. Lass
uns Sachen zusammen erleben. Dann wirst du den
Leuten sagen können: «Gott ist mein bester Freund.»
Und du wirst ihnen auch sagen können, warum.
Dein Freund, :-)
>Gott

Ich befolge deine Gebote mit Freude, denn ich liebe sie.
Ich sehne mich nach deinem Wort, denn es ist mir wertvoll;
über alles, was du angeordnet hast, denke ich gründlich nach.

| Psalm | 119,47–48 |

Na, wie läuft es bei dir?

>Die meisten Leute mögen keine Gebote – warum also solltest gerade du meine Gebote lieben? Nun, stell dir vor, du bist in einem Sommerlager, bei dem es keine Betreuer und keine Vorschriften gibt. Hört sich nach einem Riesenspaß an, und für eine Weile ist das vielleicht auch so. Aber dann fangen ein paar Typen an, alle anderen zu schikanieren, sie essen alles auf und machen alles kaputt. Keiner macht sauber, und wenig später ist alles verdreckt und eklig. Wo bleibt da der Spaß? :-(

Meine Gebote sagen dir, wie man es richtig macht. Ich denke mir nicht irgendwelche Vorschriften aus, um dich zu demütigen. Ich denke mir Gebote aus, um dir zu helfen. Ich bin Gott. Ich bin nicht bloß ein Betreuer im Sommerlager des Lebens. Ich habe das Sommerlager des Lebens aufgebaut. Ich weiß, wo die besten Wanderwege sind; ich weiß, wie tief der See ist, und ich weiß, welche Schlangen giftig sind und welche nicht. Also lies die Bibel und mach dich mit meinen Geboten vertraut. Gehorche ihnen. Hab sie lieb. Wenn du das tust, wird dein Leben viel besser sein.

Der, der's gut meint mit dir, >Gott

Wer über die Fehler anderer hinwegsieht, gewinnt ihre Liebe;
wer alte Fehler immer wieder ausgräbt, zerstört jede Freundschaft.

Sprüche	17,9

Schalom!
>Wenn einer deiner Freunde fies zu dir ist, was
solltest du dann machen? Du kannst deinem Freund
vergeben und die Sache einfach für dich behalten.
Oder du kannst deinen sämtlichen anderen Freunden
erzählen, wie fies diese Person zu dir war. Aber was
bringt es, darüber zu tratschen? Was würdest du
damit beweisen? Was würde es ändern? Gar nichts.
Es wäre nur ein Vorwand, um es dem anderen
heimzuzahlen. :-(
Lass dich nicht so weit herab. Vielleicht bemerkt der
andere irgendwann, wie nett du bist, und fragt dich:
«Warum bist du nicht sauer auf mich?» Dann kannst
du ihm von mir und meinem Weg erzählen.
Hoffentlich wird es deinem Freund dann leidtun, und
ihr werdet euch wieder vertragen. Aber selbst wenn
es deinem Freund oder deiner Freundin nicht leidtut,
brauchst du trotzdem nicht zu tratschen. Behandle
den anderen so, wie du selbst gern behandelt werden
möchtest, selbst wenn dein Freund dir Unrecht getan
hat.
Der Erfinder der Vergebung,
>Gott

Ich beschwöre euch ... dass ihr die Liebe nicht aufweckt und nicht stört, bis es ihr selbst gefällt.

((Luther 1999) Hoheslied)   (8,4)

Hallo, alles okay bei dir?
>Hast du schon mal am Lagerfeuer Würstchen gebraten? Stell dir vor, deine Freunde haben an alles gedacht, aber leider die Würstchen vergessen. Sie sagen dir: «Wir gehen zurück zur Hütte und holen sie; in einer Stunde sind wir wieder da.» Wäre das der richtige Zeitpunkt, um alles Holz aufs Feuer zu schichten? Es würde vielleicht für eine Weile super brennen, aber wenn dann deine Freunde zurückkämen, wäre das Feuer längst aus, und ihr müsstet alle an kalten Würstchen knabbern. ;-)
Mit der Liebe ist es wie mit diesem Feuer. Ehe du verheiratet bist, ist nicht die richtige Zeit, um beim Schmusen bis zum Letzten zu gehen. Wenn du dir deine Leidenschaft aufhebst, bis du verheiratet bist, wirst du heiße Würstchen haben, und sie werden wunderbar schmecken. Wenn du dich jetzt schon auf intimste sexuelle Spielchen einlässt, entzündest du damit nur Durcheinander und Schmerz. Ich habe den Sex eigentlich für die Ehe gemacht. Heb ihn dir bis dahin auf.
Der Schöpfer (auch des Sex!),
>Gott

Ja, mein bitteres Leid musste der Freude weichen.
In deiner Liebe hast du mich vor Tod und Grab bewahrt. Du hast alle meine Sünden weit hinter dich geworfen.

| Jesaja | 38,17 |

Hallo, hast du etwas Zeit?
>Wenn eine Mutter ihr Kind beim Kekseklauen erwischt, versteckt das schuldbewusste Kind manchmal die Kekse hinter seinem Rücken. Aber was wäre, wenn die Mutter ihm die Kekse abnehmen und sie dann in hohem Bogen hinter sich werfen würde? Boah! Das würde doch bedeuten: 1. Die Mutter wusste über die geklauten Kekse Bescheid. 2. Die Mutter ist bereit, ihrem Kind den Diebstahl zu vergeben. 3. Die Sache mit den Keksen ist vergessen und vorbei und liegt jetzt weit hinter ihr. :-o
Wenn du mir sagst, dass du mir ungehorsam warst, und mich bittest, dir zu vergeben, werfe ich deine «Kekse» auch hinter mich. Ich halte mich nicht lange damit auf und reibe sie dir nicht immer wieder unter die Nase. Ich vergesse sie einfach. Also fackle nicht lange und bitte mich um Vergebung. Ich hau dir keine runter. Ich wische deinen Ungehorsam einfach weg, und du kannst neu anfangen. Klasse, oder? :-)
Dein Vater, der dir gern vergibt,
>Gott

Ich habe euch schon immer geliebt, darum bin ich euch stets mit Güte begegnet.

| Jeremia | 31,3 |

Hallo, ich freue mich über dich!
>Hast du mich gewählt, oder habe ich dich gewählt? Wie kommst du dazu, dieses Buch zu lesen? Warum hast du den Kopf voller Gedanken über mich? Wenn du Christ bist, wie hast du mich kennen gelernt? Wenn du kein Christ bist, warum hast du so großes Interesse an mir? Warum hast du diese riesige Sehnsucht nach geistlichen Dingen?
Die Antwort auf diese Fragen ist ganz einfach. Schon bevor du geboren wurdest, habe ich dich geliebt. Und seit dem Tag, als du auf die Welt kamst, habe ich dich zu mir gezogen. Ich habe dich dein ganzes Leben lang geführt und geleitet. Meine Liebe ist wie eine köstliche heiße Mahlzeit. Der Duft steigt dir in die Nase, und schon folgst du ihm bis zu seiner Quelle. :-) Ich habe dich als mein Kind erwählt. Geh dem Duft nach! Lass dich tiefer auf mich ein. Lass mich dich noch mehr lieben. Lass mich noch mehr in deinem Leben bewirken.
Der, der voller Güte ist,
>Gott

Ja, kehrt von ganzem Herzen zu mir um! Zerreißt nicht nur eure
Kleider als Zeichen der Trauer!

(Joel)　　(2,13)

Schalom!
>Wenn du dich bei mir für etwas entschuldigst, was
du falsch gemacht hast, dann brauchst du keine
dramatische Show daraus zu machen. Manche Leute
sagen zu mir: «Es tut mir so leid, Gott. Ich werde es
nie wieder tun. Ich ziehe sogar die nächsten zwei
Wochen schwarze Klamotten an, um zu beweisen, wie
leid es mir tut.» Für solche äußerlichen
Reue-Beweise habe ich nicht besonders viel übrig.
Ich sehe dein Herz. Wenn es dir wirklich leidtut, dann
zieh dein Herz schwarz an. Empfinde echten Kummer.
Mach reinen Tisch zwischen dir und der Person, der
du wehgetan hast. Vor allem aber versuch es das
nächste Mal richtig und besser zu machen. Dann weiß
ich, dass du es ernst meinst. Ich werde dir vergeben
und dir helfen, das Richtige zu tun. Auf zur Schau
getragene Reue kann ich verzichten. :-(Auf das
Innere kommt es bei mir an.
Dein Vater, der dir ins Herz sieht,
>Gott

Es geht nicht nur ums Geld

Niemand kann zwei Herren gleichzeitig dienen ... Auch ihr könnt nicht gleichzeitig für Gott und das Geld leben.

(Matthäus) (6,24)

Ich wollte mich wieder melden!
>Vertraust du darauf, dass ich mich um dich kümmere, oder vertraust du vor allem auf dein Geld? Wenn du später mal studierst, einen hoch bezahlten Job kriegst und ein großes Haus und ein schickes Auto hast, wird dich das vor allen Problemen bewahren? Nein. Auch bei reichen Leuten geht immer wieder mal etwas schief. Geld kann dich nicht vor allem schützen.
Aber *ich* kann dich schützen – ob du Geld hast oder nicht. Ich bin Herr über alles Geld der Welt. Mir gehört alles. Es ist meine Welt. Darum verlass dich lieber auf mich statt aufs Geld. Ich kann dir das Geld geben, das du benötigst, oder ich kann dir sogar gleich die Dinge geben, die du brauchst, ohne dass du Geld dafür ausgeben musst. Der Punkt ist der: Du sollst wissen, dass ich mich um dich kümmern kann. Wenn du auf das Geld vertraust, wird es dich irgendwann im Stich lassen. :-(
Dein Versorger (und zwar täglich!),
>Gott

Was du nicht willst ...

Jesus antwortete ihm: ««Du sollst den Herrn, deinen Gott, lieben von ganzem Herzen, mit ganzer Hingabe und mit deinem ganzen Verstand!› ... ‹Liebe deinen Mitmenschen wie dich selbst!› Alle anderen Gebote und alle Forderungen der Propheten sind in diesen Geboten enthalten.»

Matthäus **22,37 und 39–40**

Hallo, bist du mal wieder online?
>Würdest du dich schlagen? Würdest du dich anlügen? Würdest du dich mit dir selbst verabreden und dann eine halbe Stunde zu spät kommen? Würdest du dir sagen: «Ich rufe dich heute Abend an» und dann doch nicht anrufen? Würdest du grob zu dir sein? Würdest du dich selbst an den Rand drängen? Würdest du dich ignorieren? Wahrscheinlich nicht, oder?
Ich möchte, dass du deine Mitmenschen genauso liebst wie dich selbst. Wer deine Mitmenschen sind? Die Leute um dich herum sind deine Mitmenschen. Das heißt: alle. Wo immer du auch hingehst, sind alle Leute, die du triffst, deine Mitmenschen. Ich liebe dich, und wenn du meinen Sohn lieb hast, bist du in meine Familie aufgenommen worden. Aber nicht alle haben mich als ihren Vater im Himmel kennen gelernt. Darum möchte ich, dass du allen Menschen meine Liebe zeigst. Wenn sie dich fragen: «Warum bist du so nett zu mir?», dann kannst du ihnen sagen: «Weil Gott es mir aufs Herz gelegt hat. Er liebt dich.»
Der, auf dessen Banner «Liebe» steht,
>Gott

Und ihr seid meine Freunde, wenn ihr tut, was ich euch
aufgetragen habe ... Ich sage euch noch einmal: Liebt einander!

| Johannes | 15,14 und 17 |

Schalom!
>An manchen Tagen fühlst du Liebe zu deinen Eltern,
an anderen Tagen nicht. Doch leider steht es dir
nicht frei, ob du lieben willst oder nicht. Nein, Liebe
ist ein Gebot! Ich habe nie gesagt: «Liebt die
Menschen, wenn ihr euch danach fühlt.» Ich habe
gesagt: «Liebt die Menschen, ob ihr euch danach
fühlt oder nicht.» :-o
Wenn ich sauer auf dich bin, kann ich dir dann
trotzdem ein Eis kaufen? Klar kann ich. :-) Wenn du
sauer auf mich bist, kannst du mir dann trotzdem
noch mit Respekt begegnen? Klar kannst du. Die
Liebe, die ich dir gebiete, hat nichts mit deinen
Gefühlen zu tun. Es geht nicht um Romantik. Die
Liebe, von der ich rede, ist eine Willenssache; sie ist
etwas, was du tust. Wenn ich sage: «Liebt einander»,
dann meine ich: «Geht liebevoll miteinander um.»
Wenn du das tust, werden deine Gefühle sich
schließlich auch an dein Handeln anpassen. Aber
warte nicht erst ab, bis du Liebe zu jemandem fühlst,
bevor du ihn liebevoll behandelst.
Dein liebender Vater,
>Gott

Wir wissen zwar, dass wir alle die Fähigkeit haben zu erkennen, was richtig ist. Doch richtige Erkenntnis allein führt leicht zum Hochmut, Liebe dagegen baut ... auf.

(1. Korinther)　　　(8,1)

Na, wie geht's dir heute?
>Was glaubst du, was ich lieber möchte? Dass du vieles weißt – oder dass du Menschen liebst? Hm, was meinst du? Einen Haufen Dinge zu wissen ist sicher okay. Aber wenn dich das dann eingebildet und hochmütig macht, wozu ist es dann gut? Mich kannst du mit Wissen nicht beeindrucken. Viele Leute wissen eine Menge über mich. Schön und gut. Aber wo sind die Leute, die andere in meinem Namen lieben?
Schau dir mal die biblischen Gestalten an. Was wussten die schon? Petrus war ein einfacher Fischer, der Prophet Amos war ein Bauer, und Johannes der Täufer predigte in der Wüste und aß Heuschrecken und wilden Honig. Sogar Jesus war ein Zimmermann, ein Handwerker. Es braucht gewiss keinen Hochschulabschluss, damit ich an jemandem Gefallen habe. Es braucht eher Herzensbildung. Wenn du andere ermutigst, ihnen hilfst und sie magst, dann beeindruckt mich das! :-)
Der dich ermutigt,
>Gott

Glücklich sind die Trauernden, denn sie werden Trost finden.

| Matthäus | 5,4 |

Hallo, Post für dich!
>Ist es gut, traurig zu sein? Nun, kommt drauf an, weswegen du traurig bist. Wenn du traurig bist, weil du zu Weihnachten nicht das Computerspiel oder das Mountainbike bekommen hast, das du dir gewünscht hast, dann musst du eben einfach darüber hinwegkommen. Aber was ist, wenn du wegen einer ernsteren Sache traurig bist? Wenn ein Verwandter gestorben ist? Wenn deine Freunde nichts mehr mit dir zu tun haben wollen? Wenn du dich leer und verletzt fühlst, weil jemand dir sehr wehgetan hat? Wenn es so ist, ja, dann kannst du durch meine tröstende Gegenwart gesegnet werden.
Wenn dir das Herz bricht, dann ist mein Geist bei dir. Ich weiß, was dich traurig macht. :,-(Ich möchte deinen Schmerz lindern. Rufe zu mir. Schütte dein Herz bei mir aus. Bitte mich darum, dir zu helfen. Ich werde dich aufrichten, deine Tränen abwischen und dich in meine Arme nehmen. Ich werde dir sagen, dass ich dich liebe. Ich verspreche dir, ich werde immer bei dir sein.
Dein Tröster und Beistand,
>Gott

Selig sind die Sanftmütigen; denn sie werden das Erdreich besitzen.

((Luther 1999) Matthäus)   (5,5)

Schalom!
>Sanftmütig bedeutet nicht schwach. Sanftmütig bedeutet: freundlich. Das ist ein großer Unterschied. Jemand, der sanftmütig ist, ist vielleicht sogar stärker als der stärkste Wrestler oder klüger als der klügste Wissenschaftler. Doch ein sanftmütiger Mensch benutzt diese Stärke nicht, um sich über andere zu erheben oder sie zu dominieren oder klein zu machen. Stolze Sportler werfen sich mächtig in die Brust, wenn sie eine Meisterschaft gewonnen haben. «Ich bin der Größte», hat ein berühmter Boxer immer wieder gesagt. Sanftmütige Sieger dagegen danken ihren Mannschaftskameraden, ihrem Trainer und ihren Fans. Wenn du dick angibst und dich dauernd ins Rampenlicht stellst, dann ist das dein Lohn. Aber wenn du sanftmütig bist und anderen die Ehre gibst, gebe ich dir eine Belohnung, die viel mehr wert ist, als eine Trophäe oder vergänglicher Ruhm es sein können. Ich gebe dir einen Ehrenplatz in meinem Reich, weil ich weiß, dass man dir vertrauen kann.
Der, der den Unterschied macht,
>Gott

♡ †   ◀ ‖ ▶   🔽

Gerechtigkeit ist auf dem Weg

Glücklich sind, die nach Gerechtigkeit hungern und dürsten,
denn sie sollen satt werden.

| Matthäus | 5,6 |

Hallo, eine E-Mail für dich!
>Warum passieren guten Menschen schlimme Dinge?
Warum passieren schlechten Menschen gute Dinge?
Manchmal scheint es, als ob die ganze Welt auf dem
Kopf steht. Drogenhändler schwimmen im Geld, und
ehrliche Arbeiter müssen sich krummlegen, um über
die Runden zu kommen. Fiese Typen sind überall
beliebt, und nette Leute werden an den Rand
gedrängt. >:-(Machen dir solche Dinge zu schaffen?
Gut. Das bedeutet, dass du Hunger nach
Gerechtigkeit hast.
Ich bin ein gerechter Gott. Der Grund, warum ich
nicht jetzt sofort alles in Ordnung bringe, ist der,
dass ich den schlechten Menschen eine Chance
geben will, sich zu ändern. Jesus ist gestorben,
damit jeder mich kennen lernen kann, sogar
Drogenhändler und fiese Typen. Und so warte ich
darauf, dass sie zu mir kommen. Aber ich werde nicht
ewig warten. Bald komme ich zurück, um überall
Recht zu schaffen. Und wer über mich gelacht hat,
wird dann nichts mehr zu lachen haben. >:-(Die
Gerechtigkeit ist schon auf dem Weg. Bis dahin tu du
das Richtige und bete um Gerechtigkeit in der Welt.
Der Herr der Gerechtigkeit, >Gott

Was wir auch tun, wir tun es aus der Liebe, die Christus uns geschenkt hat – sie lässt uns keine andere Wahl.

| 2. Korinther | 5,14 |

Schalom! Mein Friede sei mit dir!
>Was treibt dich an? Was motiviert dich? Was inspiriert dich? Drängt es dich, gute Noten zu bekommen? Drängt es dich, beliebt zu sein? Drängt es dich, sportliche Höchstleistungen zu bringen? Alles okay. Aber mehr als all das möchte ich, dass die Liebe meines Sohnes dich motiviert.
Jesus wurde von seiner Liebe zu dir angetrieben. Er liebte dich so sehr, dass er sich von bösen Menschen foltern, verhöhnen und kreuzigen ließ, nur damit du eine Beziehung zu ihm haben kannst. :-o Jesus liebt dich so sehr, dass er immerzu für dich betet. Er sendet seine Engel, damit sie über dir wachen. Und weil Jesus dich so sehr liebt, sage ich dir: Lass dich von seiner Liebe dazu drängen, anderen von ihm zu erzählen. Lass dich von seiner Liebe dazu herausfordern, ihm gehorsam zu sein. Vor allem aber lass dich von seiner Liebe dazu ermutigen, auch ihn zu lieben. Wenn du dich von Jesu Liebe zu dir in Bewegung setzen lässt, wirst du erstaunliche Dinge erleben. :-)
Der, der dich anspornt,
>Gott

Zeig mir das Geld

Ihr seid in so vielem überaus reich gesegnet ... Lasst diesen
Reichtum nun auch sichtbar werden.

(2. Korinther) (8,7)

Na, gut geschlafen?
>Findest du es aufregend, Geld und Gegenstände zu
verschenken? Es hört sich vielleicht verrückt an, aber
ich finde, mit Geld Geschenke zu machen ist etwas,
was du genießen sollst. Hast du einen Freund, der
eine Aufheiterung vertragen könnte? Dann geh hin
und kauf deinem Freund die neue CD, die er sich
schon so lange wünscht.
Der Trick beim Schenken ist, dass du dir klarmachst,
dass aller Reichtum der Welt von MIR stammt. Wenn
du jemandem ein Geschenk machst, gibst du in Tat
und Wahrheit nur mein Geld an einen anderen weiter.
Und sei nicht überrascht, wenn irgendwann etwas
von meinem Geld an dich weitergegeben wird. Sobald
du begreifst, dass es nicht dein Geld ist, wird das
Schenken ein Riesenspaß. Bitte mich doch gleich, dir
jemanden zu zeigen, der etwas braucht. Hör auf mich
und geh hin, um diese Person zu beschenken und zu
segnen. Es gibt nichts Aufregenderes, als wenn du
von mir gebraucht wirst, um für die Bedürfnisse eines
anderen zu sorgen. :-o
Dein Versorger,
>Gott

♡ †   ◀ ❚❚ ▶   🔽

Geht liebevoll miteinander um, so wie auch Christus euch seine Liebe erwiesen hat.

(Epheser)   (5,2)

Na, alles klar bei dir?
>Wenn du heute Nacht sterben würdest, wie würde man sich an dich erinnern? Würde man sagen: «Sie wollte immer unbedingt siegen»? Oder: «Er war ganz versessen auf Fußball»? Würde man sagen: «Ach ja, ich glaube, sie ist auch ab und zu in die Kirche gegangen»? Oder wäre es ganz anders? Würde jemand aufstehen und sagen: «Sie ist an meinem ersten Tag in der Schule sehr nett zu mir gewesen. Alle anderen ließen mich links liegen, aber sie lud mich ein, mich in der Pause zu ihr zu setzen. Das werde ich ihr nie vergessen.» Würde jemand anderes sagen: «Er hat mir immer Mut gemacht, beim Lauftraining nicht aufzugeben. Seinetwegen bin ich mein bestes Rennen gelaufen»?
Lebst du ein Leben der Liebe, das wirklich etwas bewirkt? Oder lebst du ein Leben, das kaum eine Rolle spielt? Wenn alles andere verblasst, hat die Liebe, die du anderen erweist, immer noch Bestand. :-o Also lebe ein Leben der Liebe.
Ich selbst bin dein Beispiel,
>Gott

♡ ✝   ◀ ❙❙ ▶   🔽

Sollte nun jemand behaupten: «Ich liebe Gott», und dabei seinen Bruder oder seine Schwester hassen, dann ist er ein Lügner. Wenn er schon seine Geschwister nicht liebt, die er sehen kann, wie will er dann Gott lieben, den er nicht sieht?

| 1. Johannes | 4,20 |

Hast du etwas Zeit für mich?
>Stell dir vor, in deiner Klasse gibt einer mächtig damit an, wie toll er schreiben kann und wie gern er das tut. «Ich habe schon ein paar Romane veröffentlicht», prahlt er. «Die Verlage reißen sich um meine Manuskripte.» Wenn nun dieser Typ seine Aufsätze nie pünktlich abliefern würde und in Deutsch eine Sechs hätte, würdest du dann seinen Angebereien Glauben schenken? Mit Sicherheit nicht! ;-)
Wie ist es nun, wenn eine Frau aus deiner Gemeinde immer davon redet, wie sehr sie mich liebt? «Gott ist alles für mich», sagt sie. «Ich habe schon die ganze Bibel vorwärts und rückwärts gelesen.» Wenn nun diese Frau niemals jemandem Liebe erweist oder hilft und niemals jemandem zuhört, würdest du ihr dann glauben? Ich auch nicht. :-(Bitte sei du nicht so. Wenn du mich lieben willst, dann liebe andere Menschen. Daran erkenne ich, ob du es ernst mit mir meinst.
Der, der's diesbezüglich sehr genau nimmt,
>Gott

Bei allen, die ich liebe, decke ich die Schuld auf und erziehe sie mit Strenge. Nimm dir das zu Herzen, und kehr um zu Gott!

| Offenbarung | 3,19 |

Ich hab dich nicht vergessen!
>Mal angenommen, du machst was verkehrt. Wenn du mir nichts bedeuten würdest, würde ich einfach sagen: «Tja, mein Kind hat mal wieder Mist gebaut. Es wird wohl nie klüger werden. Es ist und bleibt einfach so.» Aber weil du mir wichtig bist, werde ich mich einmischen. Falls du immer wieder Mist baust, werde ich dich auch immer wieder korrigieren. Ich werde dich auf deine Fehler hinweisen und dir helfen, sie auszumerzen. Das kann sich sogar so anfühlen, als ob ich dir eine geistliche Abreibung erteile. Das heißt nicht, dass ich dich hasse. Im Gegenteil, ich liebe dich so sehr, dass ich mich einmische. :-o Wenn du merkst, dass ich dich an die Kandare nehme, ignoriere es nicht. Damit machst du es nur schlimmer. Gib lieber deine Fehler zu, geh das Problem ernsthaft an, und bitte mich, dir dabei zu helfen, es zu überwinden. Mach dir bitte immer klar, dass ich dich nie hassen könnte, selbst wenn du etwas falsch machst. Ich werde dich immer lieben. :-)
Auf mich ist Verlass,
>Gott

Euch aber schenke der Herr immer größere Liebe zueinander und zu allen anderen Menschen.

(1. Thessalonicher) (3,12)

Noch ein Gedanke für dich:
>Zu viel Liebe kann man gar nicht haben. Liebe ist nicht wie Süßigkeiten, von denen dir schlecht wird, wenn du zu viel davon isst. Wenn in einer Schule fünfzig Leute voller Liebe sind, dann ist das eine Schule, in der es sich gut leben und lernen lässt. Wenn hundert Leute in einer Schule voller Liebe sind, dann ist die Schule noch besser, noch attraktiver, noch angesagter. :-)
Als dein Gott habe ich einen unerschöpflichen Liebesvorrat. Ich bin Liebe, und sie geht mir niemals aus. Du brauchst mich nur zu bitten, und ich werde dich mit so viel Liebe überschütten, dass du sie gar nicht mehr für dich allein behalten kannst. Du musst sie dann mit anderen teilen. Sie wird buchstäblich von dir auf andere Leute überfließen. Möchtest du, dass dein Leben vor Liebe überfließt? Bitte mich, dich mit einer doppelten Portion zu füllen, und schau zu, was passiert. Du kannst nie zu viel Liebe haben. Dein Liebeslieferant, :-)
>Gott

Widerstehe den Verlockungen und Leidenschaften, die jungen Menschen zu schaffen machen. Setz vielmehr alles daran, dass du das Richtige tust, dass dein Glaube fest wird und du in Liebe und Frieden mit allen lebst, die den Herrn aufrichtig anbeten.

| 2. Timotheus | 2,22 |

Friede sei mit dir!
>Vielleicht fragst du dich: «Was sind denn das für Verlockungen und Leidenschaften, die jungen Menschen zu schaffen machen?» Alkohol, Drogen, Aufmüpfigkeit, freie Liebe mit jedem und jeder, Klatsch, Faulheit und Wut sind nur einige davon. Vor diesen Dingen solltest du fliehen. Verlockungen und Leidenschaften sind wie ein brüllender Löwe. Wenn du dich auf sie einlässt, werden sie dich früher oder später mit den Zähnen zermalmen und wieder ausspucken. Du würdest ja auch nicht geradewegs auf einen brüllenden Löwen zulaufen und dich ihm vor die Füße werfen, oder? ;-)
Kann sein, dass all deine Freunde dem Bösen in die Arme laufen. In diesem Fall musst du dir wahrscheinlich neue Freunde suchen. Es gibt scharenweise Jugendliche in deinem Alter, die mir nachfolgen, mir gehorchen und einen Bogen um das Böse machen. Du findest sie in den Gemeinden und sogar an deiner Schule. Wenn du das Gefühl hast, du bist der Einzige in deiner Clique, dem etwas an mir liegt, dann schließ dich einer anderen Gruppe an.
Dein Wegweiser in jeder Lebenslage,
>Gott

Denn Gott ist nicht ungerecht. Er vergisst nicht, was ihr getan habt und wie ihr aus Liebe zu ihm anderen Christen geholfen habt und immer noch helft.

| Hebräer | 6,10 |

Hallo, du hast mal wieder Post!
>Es gibt nichts Schlimmeres, als wenn man sich für einen Chef oder einen Lehrer abrackert und nie eine Anerkennung dafür bekommt. :-(Aber bei mir ist das nicht so. Ich sehe alles Gute, was du tust, und ich weiß es auch zu schätzen. Weißt du, wie du für mich arbeiten kannst? Indem du anderen Christen hilfst, ihren Job zu machen.
In den Kirchengemeinden in deiner Stadt gibt es überall Christen, die hart arbeiten, um meine Liebe weiterzugeben. Manche Gemeinden geben hungrigen Menschen etwas zu essen. Andere gehen auf die Straße, um den Leuten von meiner Liebe zu erzählen. Wieder andere besuchen die Patienten in den Krankenhäusern und beten für sie, damit sie Segen erfahren. Du musst dir nicht irgendetwas Neues einfallen lassen, was du für mich tun könntest. Hör dich um und schau, wo du dich am besten nützlich machen kannst. Ich werde die Arbeit nicht vergessen, die du für mich getan hast. Ich weiß dich zu schätzen. :-)
Ich bin immer offen für dich,
>Gott

Lasst uns aufeinander achten! Wir wollen uns zu gegenseitiger
Liebe ermutigen und einander anspornen, Gutes zu tun.

| Hebräer | 10,24 |

Schalom!
>Wozu gibt es Cheerleader bei Sportwettkämpfen?
Klare Sache: Sie sollen die Zuschauer dazu bringen,
ihre Mannschaft anzufeuern. Wenn die Spieler mutlos
werden, hören sie das Publikum jubeln und denken:
«Wir können immer noch gewinnen. Die Leute halten
alle zu uns.» Warum hat ein Boxer immer seinen
Coach in seiner Ecke? Damit er dem Boxer, wenn er
erschöpft und entmutigt zurück in seine Ecke wankt,
ins Ohr schreien kann: «Halt die Deckung hoch!
Schlag ihm in die Rippen! Bleib auf den
Zehenspitzen! Du bist der Champion!» ;-)
Anfeuern kann über Sieg oder Niederlage
entscheiden. Also feuere deine Freunde an, weiterhin
das Richtige zu tun. Vielleicht kannst du sie durch
einen aufmunternden Brief oder einen Bibelvers
ermutigen. Vielleicht kannst du sie aufbauen, indem
du ihnen sagst, wie toll du sie findest. Vielleicht
genügt es schon, wenn du ihnen einfach mal zuhörst.
Was auch immer sie brauchen, gib es ihnen. Wenn das
nächste Mal dann *dir* der Mut fehlt, hoffe ich, dass
deine Freunde auch dich ermutigen werden. :-)
Dein größter Mutmacher,
>Gott

Zorn wird dein Tod sein

Wir wissen, dass wir vom ewigen Tod gerettet wurden und jetzt neues Leben haben. Das zeigt sich an der Liebe zu unseren Brüdern und Schwestern. Wer nicht liebt, der bleibt dem Tod ausgeliefert.

| 1. Johannes | 3,14 |

Hallo, du!
>Warst du schon mal so stinksauer, dass du einem anderen gar nicht mehr verzeihen konntest? Kennst du das, wenn es so ein richtig gutes, befriedigendes Gefühl ist, an seinem Zorn festzuhalten? Kennst du das, wenn es dir nicht das Geringste ausmacht, jemand anders aus tiefstem Herzen zu verabscheuen? Nun, wenn du jemandem nicht vergeben kannst, wenn du jemanden nicht lieben kannst, dann bist du auch für alle anderen guten Dinge im Leben tot. :,-(
Wenn du total wütend bist, dann hast du kein wirkliches Leben in dir. Du lächelst nicht. Du kannst dich für nichts begeistern. Du kannst dich nicht entspannen. Du hast einen Riesenknoten im Bauch wegen der Sache, die dir der andere angetan hat. Jetzt kannst du nur noch daran denken, wie du es ihm heimzahlst. So kann man nicht leben. Gibt es jemanden in deinem Leben, den du so sehr verabscheust? Vergib ihm, lass deinen Zorn los und fang wieder an zu leben.
Bei mir bist du in guten Händen,
>Gott

Denn wie kann Gottes Liebe in einem Menschen bleiben,
dem die Not seines Bruders oder seiner Schwester gleichgültig ist,
obwohl er selbst alles im Überfluss besitzt?

| 1. Johannes | 3,17 |

Hey, was für ein Computer! Läuft er gut? ;-)
>Ich habe dich nicht auf die Erde gesetzt, damit du
alles mögliche Zeug ansammelst. Klar, du darfst gern
die Sachen benutzen, die ich dir gegeben habe, um
für dich selbst zu sorgen. Es ist in Ordnung, eine
Jacke zu haben. Es ist prima, wenn du Schuhe hast.
Ich habe auch nichts dagegen, dass du Spaß an den
Extras hast, die ich dir gegeben habe. Ich denke da
an Fernseher oder Computerspiele oder MP3-Player.
Aber wenn du eine Jacke zu viel hast und jemanden
siehst, der eine braucht, dann gib sie ihm.
Vertrau mir, ich sorge schon gut für dich. Ich kann dir
eine neue Jacke geben. Vielleicht ist die bedürftige
Person kein Christ. Vielleicht kennt sie mich nicht
oder vertraut mir nicht. Vielleicht gebrauche ich dich
dazu, dieser Person zu zeigen, dass mir etwas an ihr
liegt. Die allgemeine Regel lautet: Wenn du etwas
hast, was du nicht brauchst, und ein anderer braucht
es, dann gib es ihm. :-)
Ich hätte da tausend Ideen! ...
>Gott

Meine Liebe ist die beste

Das Einzigartige an dieser Liebe ist: Nicht wir haben Gott geliebt,
sondern er hat uns seine Liebe geschenkt. Er gab uns seinen Sohn,
der alle Schuld auf sich nahm, um uns von unserer Schuld
freizusprechen.

1. Johannes	4,10

Schalom, Friede sei mit dir!
>Wenn du wissen willst, wie dein neuer Nachbar
aussieht – wie findest du es am besten heraus?
Indem du dir eine Zeichnung von ihm anschaust,
oder indem du ihn persönlich kennen lernst? Das
Original ist immer besser als die Kopie. Wenn du
wissen willst, wie Liebe aussieht, dann schau dir
nicht die Liebe der Menschen an, sondern schau dir
meine Liebe an. Menschen können überhaupt nur
lieben, weil ich meine Liebe in sie hineingelegt habe.
Menschliche Liebe ist die Kopie, aber meine Liebe ist
das Original. :-o
Menschliche Liebe ist immer unvollkommen.
Menschen werden ungeduldig, sie sind egoistisch,
und sie halten ihre Versprechen nicht ein. :,-(Aber
meine Liebe ist vollkommen. Sie verändert sich nie.
Sie hält in guten wie in schlechten Zeiten. Wenn du
ein überwältigendes Beispiel für Liebe sehen willst,
schau auf meinen Sohn Jesus, der am Kreuz gelitten
hat, damit du in meine Familie aufgenommen werden
kannst. Das ist wirkliche, intensive Liebe. Besser
kann sie nicht sein.
Die Quelle der Liebe,
>Gott

Das haben wir erkannt, und wir vertrauen fest auf Gottes Liebe. Gott ist Liebe, und wer in dieser Liebe bleibt, der bleibt in Gott und Gott in ihm.

| 1. Johannes | 4,16 |

Ich wünsche dir viel Energie!
>Bist du schon einmal mit modernen Tourenstöcken auf Wanderschaft gegangen? Sie machen das Wandern erheblich leichter. Du brauchst dich nicht einmal dauernd auf sie zu stützen – schon das Wissen, dass sie da sind, gibt dir mehr Sicherheit. Mit Tourenstöcken gehst du auf steilen Pfaden Risiken ein, die du sonst wahrscheinlich scheuen würdest. Ich möchte, dass meine Liebe für dich wie solche Tourenstöcke ist. Ich liebe dich unendlich, und ich werde nie aufhören, dich zu lieben. Ich möchte, dass du meine Liebe kennen lernst und dich darauf stützt. Schon das Wissen, dass ich dich liebe, sollte dir genug Sicherheit geben, dass du es sogar riskieren kannst, von anderen abgelehnt zu werden. Denn meine Liebe wird dich aufrecht halten, wenn jemand dich angreift. Du kannst es dir leisten, Risiken einzugehen. Du kannst es dir leisten, Leute zu lieben, die nicht liebenswert scheinen. Was auch immer geschieht, meine Liebe kannst du nämlich niemals verlieren. :-o
Deine Stütze im unsichersten Gebiet,
>Gott

Ich habe hier auf der Erde den Menschen gezeigt, wie herrlich du bist. Ich habe deinen Auftrag erfüllt.

| Johannes | 17,4 |

Friede sei mit dir!
>Bei einem Wettlauf ist ein guter Start wichtig, klar. Aber das Wichtigste ist, dass man gut ins Ziel kommt. Am Start eines Geländelaufs stürmen viele Leute voller frischer Energie los. Aber drei Kilometer weiter ist von etlichen dieser ersten Spitzenreiter nichts mehr zu sehen. Sie sind stark gestartet, aber sie sind alles andere als stark ins Ziel gekommen. :-(
Du sollst jemand sein, der stark ins Ziel kommt. Teile dir deine Kräfte ein. Schau dir dein Leben an, und finde heraus, was du brauchst, um so stark wie möglich ins Ziel zu kommen. Solltest du studieren? Solltest du Missionar werden? Solltest du ein Handwerk lernen? Was immer du tust, denke dabei nicht nur an die ersten Meter. Lebe dein ganzes Leben so, als wäre es ein Wettlauf für mich. Denn genau das ist es. Dann wirst du am Ende deines Lebens wie Jesus sagen können: «Vater, ich habe getan, was du mir aufgetragen hast. Ich bin stark ins Ziel eingelaufen.»
Dein Ziel und deine Motivation, :-)
>Gott

Passt nur auf, die ihr eure Pläne vor dem Herrn verbergen wollt. Ihr wickelt eure Geschäfte im Schutze der Dunkelheit ab und denkt: «Uns sieht niemand; keiner merkt, was wir treiben!»

| Jesaja | 29,15 |

Na, wie geht es dir heute?
>Ich weiß alles. Darüber solltest du dir im Klaren sein. Ich weiß alles, was du getan hast, und ich weiß sogar alles, was du jemals gedacht hast. Wenn du also vorhast, etwas zu tun, ohne dass ich darüber Bescheid weiß, dann vergiss es. Ich kenne dich besser, als du dich selbst kennst. :-o
Wenn du ein Geheimnis ausgeplaudert hast, das du eigentlich für dich zu behalten versprochen hattest, und dann heute Morgen zu mir kommst und betest: «Oh Herr, guten Morgen, ich bete dich heute an», dann denke ich: «Wirklich? Und was ist mit dem Geheimnis, das du ausgeplaudert hast?» Also komm nicht zu mir und bete so, als wüsste ich nicht, was passiert ist. Sag mir, was du getan hast, bitte mich um Vergebung, nimm dir vor, es nicht wieder zu tun, und dann kannst du aufrichtig zu mir beten. Ich weiß sowieso schon alles. Ich möchte nur, dass wir ehrlich zueinander sind. Okay?
Vor mir ist alles offenbar,
>Gott

Vergesst nicht, wie viel Hass und Anfeindung er von gottlosen
Menschen ertragen musste, damit auch ihr in Zeiten der
Verfolgung nicht den Mut verliert und aufgebt.

| Hebräer | 12,3 |

Noch ein Gedanke für dich:
>Wenn du dich stark machst für das, was richtig ist,
dann wird das manchen Leuten nicht gefallen. Mein
Sohn Jesus hat sich gegen die Habgier stark
gemacht, als er die Händler aus dem Tempel vertrieb,
und die Händler waren stinksauer auf ihn, weil er
ihnen die Geschäfte vermasselt hatte. Jesus hat sich
gegen Vorurteile stark gemacht, als er sich von einem
Zolleinnehmer zum Essen einladen ließ, und die
selbstgerechten Frommen hassten ihn dafür. :-(
Wenn du gut zu anderen bist, machst du dich
unbeliebt bei denen, die gemein sind, denn dein
gutes Verhalten ist wie eine Kritik an ihrem miesen
Benehmen. Aber lass dich dadurch nicht aufhalten.
Irgendwann werden vielleicht manche deiner Gegner
deinen Mut bewundern und ihre Meinung ändern.
Aber rechne nicht damit, dass alle in Jubel
ausbrechen und eine Parade für dich veranstalten,
weil du mir nachfolgst. Es gibt keine Parade. Das
macht aber nichts. Nimm es nicht persönlich. Es gab
auch jede Menge Leute, die Jesus nicht leiden
konnten. Es gehört einfach dazu.
In meinem Himmel wird's dann anders sein!
>Gott

♡ † ◀ ❚❚ ▶

Sammelt euch vielmehr Schätze im Himmel, die unvergänglich sind und die kein Dieb mitnehmen kann. Wo nämlich eure Schätze sind, da wird auch euer Herz sein.

(Matthäus) (6,20–21)

Schalom!
>Es war einmal ein gewisser Herr Schmidt, der Hunderttausende von Euros dafür ausgab, einen kostbaren Oldtimer zu restaurieren. Wann immer er Zeit hatte, ging er in die Garage, um an dem Auto herumzubasteln, es zu polieren oder den Motor einzustellen. Wenn er eine Ausfahrt machte, sagten die Leute: «Da kommt der Herr Schmidt mit seinem Baby.» So sehr liebte er dieses Auto. Herr Schmidt steckte seine Schätze – seine Zeit, seine Kraft und sein Geld – in sein Auto, und darin steckte auch sein Herz. :,-(
Bitte, mach du es anders. Setz deine Schätze für mich ein. Es stört mich nicht, wenn du noch andere Interessen hast. Aber mach sie nicht zu deinem Lebensinhalt. Verbring deine Zeit damit, mich kennen zu lernen. Beschäftige deine Gedanken damit, etwas über mich und mein Wort zu erfahren. Setz deine Kreativität ein, indem du mich durch künstlerische Arbeiten feierst. Setz deine Kräfte ein, indem du Menschen in meinem Namen liebst. Deine Schätze werden hier im Himmel auf dich warten, denn ich werde dein Schatz sein.
Der, der dich belohnt, >Gott

Denn das ist sicher: Wenn ihr glaubt und nicht im Geringsten daran zweifelt, dass es wirklich geschieht, könnt ihr zu diesem Berg hier sagen: «Hebe dich von der Stelle, und stürze dich ins Meer!», und es wird geschehen.

| Markus | 11,23 |

Hallo, Post von mir!
>Glaubst du, dass ich alles tun kann? Glaubst du, dass ich dir helfen will? Wenn du beide Fragen mit Ja beantwortet hast, dann kannst du auch mit Glauben beten. Schreibt ihr demnächst in der Schule eine schwere Arbeit, und du denkst, du wirst sie verhauen? Kann ich dir helfen, eine gute Note zu schreiben? Ja. Will ich dir dabei helfen? Ja. Also – wie fangen wir es an?
Bete so: «Gott, ich glaube, dass du alles tun kannst. Bitte hilf mir, in dieser Arbeit eine gute Note zu schreiben. Danke. Ich glaube daran, dass du mir helfen wirst.» Dann setz dich hin und lerne. Wenn du im Unterricht nicht aufgepasst und den Stoff nicht gelesen hast, habe ich nicht viel, womit ich arbeiten kann, und du wirst wahrscheinlich nicht so gut abschneiden. Aber wenn du deinen Teil tust, kann ich dir helfen, erfolgreich zu sein. Zweifle nicht. Glaube nur. Wer an mich glaubt, der erlebt auch meine Wunder. :-)
Ich bin der, der gerne hilft,
>Gott

♡ †   ◄ ❙❙ ►   ⤓

Maria aber merkte sich jedes Wort und dachte immer wieder darüber nach.

Lukas 2,19

Ich denke oft an dich!
>Weißt du, wie man ein Geheimnis bewahrt? Denk an Maria. Kurz nachdem sie Jesus zur Welt gebracht hat, stehen plötzlich mitten in der Nacht lauter ganz aufgeregte Hirten auf der Matte. «Wir haben gerade einen Haufen Engel gesehen, und die haben gesagt, dass dein Baby die ganze Welt retten wird!» Wow! Würdest du nicht darauf brennen, diese Neuigkeit deinen Freundinnen weiterzuerzählen? :-o
Aber Maria sagte niemandem etwas davon. Sie behielt es einfach für sich und dachte darüber nach. Gut gemacht, Maria! Wenn du betest, werde ich dir manchmal konkrete Dinge sagen, die nur für dich bestimmt sind. Vielleicht ist es etwas Gutes über deine Zukunft. Vielleicht ist es ein Versprechen. Vielleicht sage ich dir auch einfach nur, warum ich dich mag. Ich habe Geheimnisse, die ich nur mit dir teilen möchte, aber ich muss mich auch darauf verlassen können, dass du sie nicht überall herumposaunst. ;-) Kannst du ein Geheimnis für dich behalten?
Der, dem du vertrauen kannst,
>Gott

Glücklich sind, die verfolgt werden, weil sie nach Gottes Willen leben. Denn ihnen gehört Gottes neue Welt.

| Matthäus | 5,10 |

Friede sei mit dir!
>Wenn du mir gehorchst und nachfolgst, wirst du irgendwann auch Verfolgung erleben. Verfolgung ist nicht nur körperliche Misshandlung. Wenn Leute dich niedermachen, weil du das Richtige tun willst, dann ist das auch Verfolgung. Es gibt haufenweise Leute in dieser Welt, die sich gegen mich gestellt haben. Wenn du mir gehorchst, bist du meinen Feinden ein Dorn im Auge, und sie werden dich niedermachen wollen. >:-(
Wenn du Menschen Liebe zeigst, wenn du dich für die Typen einsetzt, die als Spinner und Schwächlinge verschrien sind, wenn du dich weigerst, zu qualmen und zu saufen, obwohl alle anderen das tun, dann wird das manchen Leuten nicht passen. Aber du kannst dich glücklich schätzen, wenn sie dich auslachen, weil du mir gehorchst. Warum? Weil mir das zeigt, dass dir mehr an mir liegt als daran, mit dem Strom zu schwimmen. Es zeigt mir, dass du für den Himmel lebst. Super! :-) Der Himmel wartet auf dich, und ich bin stolz darauf, dich mein Kind zu nennen.
Dein stolzer Vater,
>Gott

♡ †   ◀ ❚❚ ▶   🔽

Meuterei in der Spielzeugfabrik!

Was für ein Trugschluss! Ist denn ein Klumpen Ton dem Töpfer ebenbürtig, der ihn bearbeitet? Behauptet ein Kunstwerk von seinem Künstler, er habe es nicht gemacht? Oder sagt ein Tonkrug über seinen Töpfer: «Er hat keine Ahnung!»?

Jesaja	29,16

Etwas zum Nachdenken für dich:
>Stell dir mal vor, in einer Spielzeugfabrik erwachen eines Nachts alle Spielzeuge zum Leben und kommen auf den Gedanken, sie hätten sich selbst hergestellt. Als am nächsten Morgen die Spielzeugmacher zur Arbeit kommen, finden sie einen Zettel: «Liebe Spielzeugmacher, ihr habt uns nicht gemacht. Wir brauchen euch nicht. Wir sind in die Welt hinausgezogen, um unser Glück zu suchen. Gezeichnet, die Spielzeuge.»
Das gäbe vielleicht einen tollen Zeichentrickfilm, aber es könnte niemals wirklich passieren. Schon der bloße Gedanke ist einfach nur albern. Genauso albern kommt es mir vor, wenn Menschen sagen: «Es gibt keinen Gott.» Ich weiß noch, wie ich den ersten Menschen gemacht habe. Ich habe ihn entworfen. Ich habe ihn geformt. Ich habe ihm das Leben eingehaucht. Und jetzt sagt mir meine eigene Schöpfung: «Es gibt dich überhaupt nicht. Wir haben uns einfach entwickelt.» :,-(Bitte: Glaub kein Wort davon! >:-(
Dein Schöpfer,
>Gott

Herr, du hast mich aus dem Leib meiner Mutter gezogen. Schon an ihrer Brust hast du mir Geborgenheit geschenkt.

| Psalm | 22,10 |

Schalom, Friede und Segen mit dir!
>Warum werden die Menschen als Babys geboren? Warum kommen sie nicht gleich als Erwachsene auf die Welt? Fohlen können schon kurz nach ihrer Geburt aufstehen und gehen. Warum werden dann die Menschen so hilflos geboren? Ein Grund dafür ist: Ich möchte, dass du von Anfang an verstehst, dass du nicht am Ruder sitzt. Als neugeborenes Kind konntest du nicht einmal alleine essen, du konntest nicht sitzen und du konntest sogar kaum sehen. Ohne deine Eltern wärst du wohl ziemlich schnell umgekommen. :-o
Jetzt bist du kein Baby mehr, und es gibt schon eine Menge Dinge, die du alleine tun kannst. Aber ich möchte immer noch, dass du mir vertraust.
Verglichen mit mir bist du immer noch ein kleines Kind – mein Kind! Also verlass dich darauf, dass ich dir gebe, was du brauchst. Wenn dir alles zu schwierig wird, bete und bitte mich um Hilfe. Du musst es nicht allein schaffen. Das erwarte ich gar nicht von dir. Du bist nie zu alt, um dich auf mich zu stützen. :-)
Dein Vater im Himmel,
>Gott

Der Engel des Herrn stellt sich schützend vor alle, die Gott ernst nehmen, und bringt sie in Sicherheit.

Psalm	34,8

Hallo, ich grüße dich!
>Durftest du dir als kleines Kind manchmal im Garten aus einigen Decken ein Zelt bauen? Darin hast du dann vielleicht Wurstbrote, Kekse und Chips gegessen und mit einer Taschenlampe Comics gelesen. Alles lief super, solange du dich mit deinem Freund oder deiner Freundin unterhalten und Witze gemacht hast. Aber wenn ihr dann still wurdet, rückten euch die Geräusche der Nacht bedrohlich nahe, und ihr bekamt es mit der Angst zu tun. :-o Vielleicht rücken dir im Moment die Realitäten deines Lebens bedrohlich nahe, so wie damals diese nächtlichen Geräusche. Vielleicht ist dir jetzt angst und bange. Lass dich von mir beruhigen. Ich bin hier. Hab bitte keine Angst. Du gehörst mir. Meine Macht umgibt dich und beschützt dich. Meine Engel stellen sich schützend vor dich und bringen dich in Sicherheit. Vertrau mir.
Dein Beschützer,
>Gott

♡ †　　◀ ❚❚ ▶　　⤓

Vertrau dich dem Herrn an und sorge dich nicht um deine Zukunft!
Überlass sie Gott, er wird es richtig machen.

| Psalm | 37,5 |

Schalom, auf ein Neues!
>Es gibt verschiedene Richtungen, die dein Leben
nehmen kann. Du könntest zum Beispiel mit
Computern arbeiten und eine Software entwickeln,
auf die noch niemand vorher gekommen ist. Du
könntest eine Ausbildung als Schauspieler, Musiker
oder Künstler machen. Du könntest studieren und
später einmal als Universitätsprofessor das Leben
unzähliger junger Menschen beeinflussen. Aber
woher weißt du, welcher Weg der richtige für dein
Leben ist? Du weißt es nicht. Aber ich. Wenn du also
wichtige Entscheidungen für dein Leben zu treffen
hast, dann bete: «Herr, welchen Weg soll ich gehen?»
Wenn du dich dann entschieden hast, bete wieder:
«Herr, ich glaube, dies ist der Weg, den ich gehen
soll. Bitte leite mich. Wenn du mir einen anderen
Weg zeigen willst, bin ich offen dafür.» Stehst du vor
einer wichtigen Entscheidung, z.B. welche Sportart
du ausüben oder auf welche Uni du gehen sollst?
Wenn du mich bittest, dir bei der Entscheidung zu
helfen, werde ich dich immer auf den richtigen Weg
bringen. :-)
Der deinen Weg immer im Auge hat,
>Gott

Glücklich sind, die ein reines Herz haben,
denn sie werden Gott sehen.

| Matthäus | 5,8 |

Friede sei mit dir!
>Wenn etwas rein ist, bedeutet das, es besteht zu
hundert Prozent aus einer einzigen Substanz. Reines
Gold z. B. hat nicht fünfzig Prozent Gold und fünfzig
Prozent Eisen. Es ist zu hundert Prozent Gold. Ebenso
ist auch ein reines Herz nicht fünfzig Prozent
Egoismus und fünfzig Prozent Liebe. Es ist zu hundert
Prozent Liebe. Dein Herz ist der Mittelpunkt deiner
Persönlichkeit. (Ich meine jetzt nicht den Muskel,
der das Blut durch deine Adern pumpt, sondern das
Herz, das Zentrum deiner Seele.) Ich möchte, dass
dieser tiefste Kern von dir zu hundert Prozent mir
ergeben ist.
Hast du schon mal versucht, dir im TV gleichzeitig
ein Fußball- und ein Eishockeyspiel anzuschauen?
Das funktioniert nicht richtig. Am Ende verpasst du
bei beiden Spielen die besten Momente. ;-) Genauso
ist es mit deiner Beziehung zu mir. Wenn du zu 50%
für mich leben und zu 50% beliebt sein willst, dann
ist dein Herz geteilt und du verpasst das Beste an
mir. Wenn dein Herz aber zu hundert Prozent mir
gehört, wirst du mich in all meiner Herrlichkeit
sehen.
(Hoffentlich) dein Ein und Alles, >Gott

Wer hart arbeitet, bekommt seinen Lohn – wer allerdings nur
dumm schwätzt, wird arm!

(Sprüche)   (14,23)

Na, wie läuft's?
>Kennst du den Ausdruck «Maulheld»? Das ist
jemand, der immer große Sprüche klopft, aber nie
wirklich irgendwo Hand anlegt. Tatsache ist: Jeder
hat Ideen. Aber nicht jeder kann diese Ideen
umsetzen. In den siebziger Jahren hatten
haufenweise Leute Ideen für Computerprogramme,
aber Bill Gates redete nicht nur davon,
Computerprogramme zu schreiben, sondern
verkaufte seine Programme an IBM.
Nicht die Sprücheklopfer dieser Welt haben Erfolg,
sondern die, die etwas tun. Genauso ist es, wenn
jemand mir nachfolgen will. Jeder kann dasitzen und
sagen, wie sehr er mich liebt. Aber wirklich
beeindruckt bin ich von den Leuten, die auch danach
handeln. :-) Also erzähle anderen von mir, schreib
Lieder für mich, arbeite für mich, setz dich für mich
ein. Jeder kann behaupten, dass er mich liebt, aber
wirst du auch etwas dafür tun?
Ich suche immer Mitarbeiter,
>Gott

Reichtum und Ansehen erhalten keinen Menschen am Leben;
er verendet wie das Vieh.

Psalm	49,13

Hallo, du!
>Jeder stirbt irgendwann. Egal, wie reich du bist:
Auch du wirst sterben. Den Tod kannst du nicht
bestechen. Egal, wie gut du aussiehst: Auch du wirst
älter werden und sterben. Den Tod kannst du nicht
um den Finger wickeln. Egal, wie clever du bist: Du
wirst trotzdem alt werden und sterben. Dem Tod
kannst du kein Schnippchen schlagen. :,-(
Warum ich dir das sage? Will ich dich etwa
deprimieren? Nein, ich will dich einfach
nachdenklich machen. Du hast nur eine bestimmte
Zahl von Jahren auf diesem Planeten, und dann ist es
vorbei. Das ist schlicht und ergreifend eine Tatsache.
Also mach das Beste aus deinem Leben. Vergeude
deine Zeit nicht damit, dich vor mir zu verstecken
und mir ungehorsam zu sein. Vergeude deine Zeit
nicht damit, deine Gefühle zu verbergen und auf
Nummer sicher zu gehen. Wenn du heute Nacht
sterben müsstest, was würdest du deinen Freunden
und Angehörigen noch sagen wollen? Wem würdest
du noch sagen wollen, dass du ihn liebst? Geh und
sag es ihm jetzt. Das Leben ist kurz.
Der, der dir das Leben gibt,
>Gott

Setzt euer Vertrauen nicht auf Männer, die Einfluss haben und Macht ausüben! Sie sind vergängliche Menschen wie ihr und können euch nicht erretten.

Psalm	146,3

Ich hab gerade an dich gedacht!
>Manche Leute gehen völlig in der Politik auf. Sie meinen, wenn sie erst einmal diesen oder jenen zum Regierungschef gemacht haben, würde alles besser. Ich finde es okay, wenn du dich politisch engagierst, aber wenn du dir Hoffnungen machst, ein gewählter Amtsträger könne die Welt verändern, dann machst du dir falsche Hoffnungen. :-(Erwarte nicht von irgendeinem Menschen, dass er die Welt in Ordnung bringt. Vertrau auf mich. Regierungen können so viele Gesetze erlassen, wie sie wollen, aber nur ich kann das Herz eines Menschen wandeln. Ich verändere Menschen von innen her. Ich arbeite dabei nicht mit Verkehrszeichen und Gewehren und sozialen Programmen, ich verändere sie mit Liebe. :-o Also gib dem besten Kandidaten deine Stimme und bete für die Politiker, aber setz dein Vertrauen auf mich. Die besten Politiker tun das übrigens auch – sie berufen sich nicht nur ausdrücklich auf meine Hilfe, wenn sie ihren Amtseid ablegen, sondern sie stützen sich auch wirklich auf mein Wort und meine Wegweisung.
Alle Macht liegt bei mir,
>Gott

♡ † ◀ ❚❚ ▶ ⤓

Verlass dich nicht auf deine eigene Urteilskraft,
sondern vertraue voll und ganz dem Herrn!

| Sprüche | 3,5 |

Na, wieder mal am Surfen? ;-)
>Wenn Fischer heutzutage zum Hochseefischen
auslaufen, benutzen sie elektronische
Ortungsgeräte, um große Schwärme ausfindig zu
machen. Ohne so ein Gerät könnte ein Fischer zwar
auch mit bloßem Auge ins Wasser schauen, aber
tiefes Wasser ist undurchdringlich und dunkel. Was
wie ein Fischschwarm aussieht, ist vielleicht in
Wirklichkeit nur ein Schatten. Ein Ortungsgerät ist
da viel zuverlässiger.
Ich will dein Ortungsgerät sein. :-) Du kannst nicht
alles im Leben selbst herausfinden; dazu ist das
Ganze viel zu verwirrend. Deine Vernunft bringt dich
nur bis zu einem bestimmten Punkt. Hinter manche
Probleme wirst du nie kommen. Aber ich kenne die
Lösung für jedes Problem. Darum frag mich, wenn du
eine Entscheidung treffen willst. Stütz dich auf mich.
Bete zu mir. Lass dich von mir leiten. Ich werde dich
vor den Felsen bewahren und dich in fischreiche
Gewässer steuern.
In Liebe dein Lotse,
>Gott

O Herr, welch unermessliche Vielfalt zeigen deine Werke!
Sie alle sind Zeugen deiner Weisheit, die ganze Erde ist voll von
deinen Geschöpfen.

| Psalm | 104,24 |

Friede sei mit dir!
>Möchtest du wissen, wie ich bin? Schau dir einfach
einige Tiere an, die ich geschaffen habe. Ein
Schnabeltier verbringt die eine Hälfte seiner Zeit im
Wasser und die andere Hälfte an Land. Es legt Eier wie
ein Vogel, aber es gibt Milch wie ein Säugetier. Was
kann dir das Schnabeltier über mich verraten? Dass
du mich nicht in ein Schema pressen kannst. Ich bin
viel größer als deine fein sortierten Schubladen. Ich
bin immer für eine Überraschung gut. :-o Oder sieh
dir einen Papagei an. Jede Papageienart hat ihre
einzigartige Mischung leuchtender Farben an den
Flügeln, am Schnabel, am Schwanz und an den
Beinen. Und Papageien können die menschliche
Sprache nachahmen. Was verrät dir ein Papagei über
mich? Ich bin ausgelassen. Ich bin kreativ. Ich bin
witzig. Ich habe Sinn für Humor. Ich sage: «Nimm
dich selbst nicht so ernst.» ;-) Nimm dir Zeit, dir
meine Schöpfung genauer anzuschauen, und du wirst
alles Mögliche über mich entdecken.
Die Schöpfung sagt viel aus über mich,
>Gott

Dies ist nicht das Ende

Erschreckt nicht in dunklen Tagen! Verlasst euch auf den Herrn,
auch wenn ihr nirgends einen Hoffnungsschimmer seht,
denn er hält euch fest!

| Jesaja | 50,10 |

Hallo, du!
>Hast du manchmal das Gefühl, dass alles Mögliche über dir zusammenbricht und du einfach keinen Durchblick mehr hast? Vielleicht ist diese Woche alles schiefgegangen. Du hast mal wieder Stunk mit deinen Eltern, bist im Physiktest durchgefallen oder ein Kumpel hat dich nicht zu seiner Fete eingeladen. Was immer es ist: Wenn du das Gefühl hast, alles sei dunkel und keine Hoffnung sei in Sicht, dann ist das genau der richtige Moment, um dich an mich zu wenden.
Mein Sohn Jesus hat das alles auch schon durchgemacht ... und noch Schlimmeres. Alle seine Freunde haben ihn im Stich gelassen. Er wurde zu Unrecht angeklagt und verhaftet. Er wurde gefoltert und an ein Kreuz genagelt. Als Jesus dort am Kreuz hing, sah für ihn alles hoffnungslos aus. :,-(Aber drei Tage später ist er von den Toten auferstanden. Jesus lebt! Er hat seinen dunkelsten Moment hinter sich gebracht, und jetzt ist er da, um auch dich durch schwierige Zeiten hindurchzuführen. Bete einfach: «Jesus, hilf mir, mir geht es unheimlich mies.» Er weiß, was zu tun ist. Ich habe dich sehr lieb. Halt durch.
Dein Ausweg und dein Fixpunkt, >Gott

♡ †   ◀ ❙❙ ▶   ⬇

Glaubt den Lügnern nicht, die euch einreden:
«Hier sind wir sicher, denn dies ist der Tempel des Herrn. Es ist die
Wohnung Gottes, er hat sich hier niedergelassen.»

| Jeremia | 7,4 |

Schalom! Post für dich!
>Wenn du in die Kirche gehst, prima! Aber das allein
bringt dich noch nicht in den Himmel. Es gibt
massenweise Leute, die ihr ganzes Leben in Kirchen
und Gemeinden gesessen haben und dann doch
verloren gingen. :,-(Warum? Weil sie mich nie
kennen gelernt haben. Sie haben nie meinen Sohn
Jesus gebeten, die Herrschaft in ihrem Leben zu
übernehmen. Vielleicht haben sie die Worte der Bibel
gehört. Vielleicht haben sie sogar ein paar
Obdachlosen etwas zu essen gegeben oder an einem
Missionseinsatz teilgenommen. Alles schön und gut,
aber das verschafft dir noch keine Eintrittskarte in
den Himmel. Jesus und mich zu kennen – das ist die
Eintrittskarte! :-o Ich wünsche mir so sehr, dass du
mich kennst. Wenn du während der Woche nicht in
einer richtigen Beziehung zu mir lebst, dann kannst
du am Sonntag nur so tun als ob. In die Kirche zu
gehen, ohne mich zu kennen, ist so, als ob man in
ein Restaurant geht und die Speisekarte liest, aber
gar nichts isst. Was soll das? Ich will nicht nur, dass
du *über* mich Bescheid weißt. Ich will, dass du mich
kennst.
Dein Herr, >Gott

Der Herr ist geduldig, aber er besitzt auch große Macht und lässt niemanden ungestraft davonkommen.

| Nahum | | 1,3 |

Ein Gedanke für dich:
>Manchmal stellen Leute die Frage: «Wenn Gott gut ist, warum gibt es dann Böses in der Welt?» Hey, das Böse ist nicht mein Fehler. Ich habe nie etwas Böses getan. Die Menschen rebellieren gegen mich und tun selbst das Böse. Sicher, ich könnte allem Bösen in der Welt augenblicklich ein Ende machen. Aber das würde bedeuten, dass ich dir deinen freien Willen nehmen müsste. Dann wärst du nur noch eine Marionette, und ich wäre ein Puppenspieler, der an deinen Schnüren zieht. Willst du das? Wohl kaum. Deine Liebe bedeutet mir viel mehr, wenn du sie mir freiwillig gibst. :-o Ich hasse das Böse. Ich dulde es nur für den Augenblick, damit schlechte Menschen eine Chance haben, sich zu ändern. Aber nicht mehr lange, dann werde ich kommen und über alles Böse richten. Ich bin vollkommen gut. Alles, was ich tue, ist gut. Alles, was ich denke, ist gut. Jeder Teil von mir ist gut. Und dir will ich nur Gutes tun. Wenn jemand dir Böses getan hat, dann ist das nicht meine Schuld. Ich werde immer nur gut zu dir sein. :-)
Die Quelle alles Guten,
>Gott

Du weißt nicht, aus welcher Richtung der Wind kommen wird;
du siehst nicht, wie ein Kind im Mutterleib Gestalt annimmt.
Ebenso wenig kannst du die Taten Gottes ergründen,
der alles bewirkt.

| Prediger | 11,5 |

Schön, dass du da bist!
>Mich kannst du niemals völlig durchschauen.
Versuche es gar nicht erst. Wenn du wüsstest, was ich
schon alles getan und gedacht habe, würdest du den
Verstand verlieren. :-o Solange du auf der Erde lebst,
wirst du mich nur zum Teil kennen, aber das reicht
schon. Wieso du mich überhaupt kennen kannst?
Weil ich in Jesus auf deine Ebene hinabgekommen
bin und dir gezeigt habe, wer ich bin. :-o Wenn
jemand viele verschiedene Sprachen spricht und du
sprichst nur eine, dann wird dieser andere deine
Sprache wählen, um mit dir zu reden. Wie solltest du
sonst verstehen, was er sagt? Genauso habe ich es
gemacht, als ich Jesus auf die Erde sandte. Ich habe
ihn geschickt, damit er die Sprache der Menschen
spricht. Er kam als Mensch aus Fleisch und Blut,
damit ihr ihm begegnen konntet. Durch Jesus habe
ich mich, der ich unfassbar bin, in eine fassbare Form
gebracht, damit ihr mich verstehen könnt. Alles, was
du über mich wissen sollst, kannst du von Jesus
lernen. Was du nicht von Jesus lernen kannst,
brauchst du nicht zu wissen. Also lerne Jesus
kennen, und du wirst wissen, wer ich bin. >Gott

Verwaltet ihr das Geld anderer Leute nachlässig,
wer wird euch dann das schenken, was euch gehören soll?

| Lukas | 16,12 |

Friede sei mit dir!
>Möchtest du dein eigenes Auto, dein eigenes
Zimmer, deinen eigenen Computer, deinen eigenen
Job? Dann fang damit an, dass du dich um das
kümmerst, was du hast. Wenn du dein Fahrrad mitten
auf der Straße liegen lässt und es von einem Auto
überrollt wird, sehe ich daran, dass dir deine Sachen
nichts bedeuten. Warum sollte ich dir also noch mehr
Sachen geben? Damit du sie auch kaputtgehen lässt?
Vergiss es. ;-)
Dasselbe gilt für die Chancen, die du bekommst.
Willst du in einer christlichen Rockband spielen?
Dann fang damit an, dass du zu deinen Geschwistern
nett bist. Wenn du nicht einmal die Leute lieben
kannst, mit denen du zusammenlebst, warum sollte
ich dich dann aussenden, um Leute zu lieben, die du
nicht einmal kennst? Wenn du dich um die Dinge und
Aufgaben kümmerst, die du bereits hast, kann ich dir
auch noch mehr geben. Das ist nun mal ein
Lebensprinzip.
Der, der sich um dich kümmert,
>Gott

♡ ✝   ◀ ❚❚ ▶   ⬇

Kennst du jemanden, der geschickt ist bei seiner Arbeit?
Er wird erfolgreich sein, und du wirst ihn nur bei einflussreichen
Leuten finden.

(Sprüche) (22,29)

Hallo, du!
>Ehrlich gesagt, ich bin es leid, dass Leute, die mich
gar nicht kennen, all diese großartigen Kunstwerke
hervorbringen. Es ist erst ein paar Jahrhunderte her,
da waren es MEINE Leute, die die Mehrzahl der
großen Meisterwerke schufen. Heute ist das anders.
Was ist da schiefgegangen? Warum haben die
Christen aufgehört zu malen, Skulpturen zu schaffen,
Erfindungen zu machen, Gebäude zu entwerfen, als
Schauspieler auf der Bühne zu stehen, Gedichte zu
schreiben und Musik für die Welt zu komponieren? :-(
Ich möchte, dass du eine Fertigkeit erlernst und
wirklich gut darin bist: Egal, ob du Installateur,
Tischler, Architektin, Hundetrainer, Koch,
Webdesigner, Tänzerin oder Manager wirst. Entdecke
meinen Plan für dein Leben. Entwickle deine Gaben.
Wenn du geschickt bist bei dem, was du tust, werden
die Leute dich respektieren und auf dich hören. Und
wenn du ihre Aufmerksamkeit errungen hast, kannst
du ihnen von mir erzählen. :-) Also such dir etwas,
was du gerne machst, und lerne, es gut zu machen.
Die «schönen Künste» sind meine Schöpfung!
>Gott

♡ †   ◀ ❚❚ ▶   🔽

Ein Handbuch, kein Märchen

Wer sich meine Worte allerdings nur anhört und nicht danach lebt, der ist wie einer, der beim Bauen auf das Fundament verzichtet und sein Haus auf weichen Boden baut. Bei einem Unwetter unterspülen die Fluten sein Haus, es gerät aus allen Fugen und stürzt krachend ein.

| Lukas | 6,49 |

Na, wie ist die Lage?
>Ein Anwalt musste einmal für eine Woche verreisen und vertraute die Kanzlei seinem Assistenten an. Er gab ihm eine Liste mit genauen Anweisungen. «Kommen Sie damit zurecht?», fragte der Anwalt. «Kein Problem», versicherte ihm der Assistent. «Ich kümmere mich um alles.» Eine Woche später kehrte der Anwalt zurück und fand ein totales Chaos vor. Keiner arbeitete, und kein Punkt auf der Liste war erledigt. Wütend fragte der Anwalt den Assistenten: «Was ist denn hier los?!» «Oh», sagte der Assistent, «die Liste, die Sie uns dagelassen hatten, war hervorragend. Wir haben sie gründlich studiert und darüber geredet. Einige von uns haben sie sogar teilweise auswendig gelernt.» «Aber haben Sie auch irgendetwas davon erledigt?» «Erledigt? Sollten wir das alles erledigen?» >:-(
Ich glaube, du verstehst, worum es geht, oder? Die Worte in meiner Bibel werden dein Leben verändern, aber nur, wenn du tust, was sie sagt. Lies die Bibel nicht nur. Tu auch, was sie dir sagt.
Gerne dein Lehrmeister,
>Gott

So spricht euer Gott: «Tröstet, ja, tröstet mein Volk! Ermutigt die Einwohner Jerusalems! Ruft ihnen zu: Nun habt ihr genug gelitten!»

| Jesaja | | 40,1–2 |

Hey, ich kann's nicht lassen!
>Hast du schon mal gesehen, wie ein kleines Kind hinfiel und sich das Knie aufschrammte? In so einem Moment ist hoffentlich ein Elternteil in der Nähe, der dem Kind wieder auf die Beine hilft und sagt: «Papa ist ja da» oder «Mama ist ja da. Ist gleich wieder gut!» Je älter ein Kind wird, desto weniger Verständnis hat die Gesellschaft dafür, wenn es weint. Von Teenagern wird erwartet, dass sie sich immer cool geben. Von Erwachsenen erwartet man, dass sie sich ihre Schmerzen nicht anmerken lassen. :-(Das Problem ist nur, dass alle Menschen sich hin und wieder wehtun und Trost brauchen. Aber weil die Leute gelernt haben, so zu tun, als ginge es ihnen prima, auch wenn es ihnen in Wirklichkeit dreckig geht, sind sie eben voller verborgener Verletzungen und stummer Tränen. Du sollst wissen, dass ich deinen Schmerz sehe und mitfühle. Ich warte nur darauf, dir auf die Beine zu helfen und dich zu trösten. Ich möchte dir sagen: «Schon gut, Papa ist ja da!» :-)
Man nennt mich «Abba», «lieber Vater»,
>Gott

Er sorgt für sein Volk wie ein guter Hirte.
Die Lämmer nimmt er auf den Arm und hüllt sie schützend
in seinen Umhang. Die Mutterschafe führt er behutsam ihren Weg.

| Jesaja | 40,11 |

Du weißt, ich schreibe dir gern!
>Wenn du in einer Stadt lebst, sind dir Schafe und
Hirten vielleicht nicht sehr vertraut. Der Punkt ist
folgender: Schafe können nicht für sich selbst
sorgen. Wenn ein Schaf bei einem Wolkenbruch auf
den Rücken stürzt, wird es ertrinken, weil der Regen
ihm in Maul und Nüstern dringt und es sich nicht
allein wieder aufrichten kann. :-o Darum muss der
Hirte gut aufpassen und seine Schafe ständig vor
Gefahren beschützen – zum Beispiel davor, dass sie
einen falschen Weg einschlagen oder von größeren
Tieren angegriffen werden.
Ich will damit nicht sagen, dass du total unfähig
bist. Ich bin stolz darauf, wie gut du schon gelernt
hast, dich um dich selbst zu kümmern. Aber vertrau
mir, wenn ich sage: Du brauchst immer noch einen
Hirten. Du brauchst jemanden, der dir hilft, falsche
Wege und gefährliche Situationen zu meiden, die dir
zum Verhängnis werden können. Ich bin da, wenn du
mich brauchst. Ruf mich einfach.
Von Herzen gern dein guter Hirte,
>Gott

Wer ist der Größte?

Wenn einer mit mir gehen will, so muss ich für ihn wichtiger sein als seine Eltern, seine Frau, seine Kinder, seine Geschwister, ja wichtiger als das eigene Leben. Sonst kann er nicht mein Jünger sein.

| Lukas | 14,26 |

Friede sei mit dir!
>Bin ich dir wichtiger als deine Eltern? Bin ich dir wichtiger als deine Freunde? Würdest du dein Leben riskieren, wenn ich dich darum bäte? Wie viel bedeute ich dir? Bin ich ein Extra, das dein Leben bereichert, oder bin ich der Sinn und das Ziel deines Lebens? Ich weiß, das sind schwere Fragen, aber ich stelle sie dir trotzdem.
Ohne mich würde es dich nämlich gar nicht geben und deine Freunde und deine Eltern genauso wenig. Nicht einmal die Welt gäbe es ohne mich. :-o Denk nur: keine Einkaufszentren, keine Kinos, keine Lebensmittelgeschäfte, kein Meer, kein Himmel, kein Land, gar nichts. Ich bin nicht nur ein guter Gedanke oder der Lehrer einer guten Lebensphilosophie. Ich bin der, der diese ganze Welt gemacht hat. Ich bin der, der auch dich gemacht hat. Gib mir dein ganzes Leben, und ich gebe dir ein Leben zurück, das so voller Abenteuer ist, wie du es dir in deinen wildesten Träumen nicht vorstellen könntest. Vertrau mir, ich bin das alles wert.
Ich bin für dich da,
>Gott

Den Erschöpften gibt er neue Kraft,
und die Schwachen macht er stark.

| Jesaja | 40,29 |

Hallo, E-Mail für dich!
>Kommst du dir manchmal vor wie ein geistlicher
Schwächling? Fällt es dir schwer, für etwas
Bestimmtes einzutreten und dann bewusst nicht
zurückzuweichen? Schwörst du manchmal, etwas zu
tun oder zu lassen, in der vollen Absicht, dein
Vorhaben in die Tat umzusetzen, und ehe du dich
versiehst, machst du schon wieder Kompromisse? :,-(
Ich kann dir geistliche Muskeln geben, wie du sie dir
nie erträumt hast! Schau auf mich, wenn du dir
vorkommst wie ein Jammerlappen, und ich gebe dir
meine Stärke. Ich vermehre meine Kraft in dir. Selbst
wenn du erschöpft und überfordert bist, selbst wenn
du etwas schon x-mal vergeblich versucht hast. Gib
nicht auf. Rufe nach mir. Streck im Gebet deine Hand
aus und empfange meine Kraft. Geh mit mir, und rede
mit mir. Und dann pass auf, was sich verändern wird!
Ich verpasse dir ein geistliches Fitnesstraining, das
alle Schwäche von dir abfallen lässt. Ich liebe das! :-)
In geistlichen Dingen dein Coach und Trainer,
>Gott

♡ †   ◀ II ▶   🔽

Deine Liebe bedeutet mir mehr als mein Leben!
Darum will ich dich loben.

| Psalm | 63,4 |

Na, wie ist dein Tag?

>Das Leben ist schon erstaunlich! Dein Verstand denkt und überlegt. Dein Körper verarbeitet die Nahrung, die du isst, um dich am Leben zu erhalten. Deine Haut spürt den Windhauch auf deinem Gesicht. Deine Augen sehen die Farben von Blumen und Gemälden. Schon dass es dich überhaupt gibt, ist ein erstaunliches Geschenk. Was wäre, wenn du nie geboren worden wärst? Dann hättest du dieses wunderbare Ding, das Leben heißt, niemals erfahren können. :-o

Ich will dir ein Geheimnis verraten: Meine Liebe ist noch besser als das Leben. Denk mal an dein Lieblingslied. Meine Liebe klingt noch besser. Stell dir den schönsten Menschen auf der Welt vor. Meine Liebe sieht noch besser aus. Meine Liebe macht mehr Spaß als der aufregendste Urlaub. Sie ist köstlicher als das erlesenste Festmahl. Meine Liebe ist die Quelle aller guten Dinge im Leben. Bitte mich, dir meine Liebe zu zeigen, und mach dich auf ein Superleben gefasst. :-)

In mir ist Leben in Fülle,

>Gott

Da sagte ihnen Jesus: «... Ihr seid mir in diesen Tagen der Gefahr und der Versuchung treu geblieben.»

| Lukas | 22,25 und 28 |

Hallo, ich bin's mal wieder!
>Die Jünger fanden bald heraus, dass es nicht immer leicht war, ein Freund von Jesus zu sein. Manchmal war das harte Arbeit. Manchmal bedeutete es, dass Leute das, wofür die Jünger standen, nicht kapierten oder nicht damit einverstanden waren. Manchmal wurden die Jünger von anderen verstoßen – sogar von ihren eigenen Freunden und Familien. :,-(
Trotzdem waren sie bereit, Jesus auf seinem Weg zu folgen, auch wenn es ein sehr schmaler Weg war. Ein Weg voller Entbehrungen. Sie waren bereit, sich anzustrengen, um den Maßstäben zu genügen, die Jesus setzte, auch wenn sie noch so hoch waren. Sie waren bereit, den Verheißungen zu vertrauen, die er ihnen gab, auch wenn sie noch so weit weg erschienen. Sie waren bereit, durch dick und dünn zu ihm zu halten, weil sie wussten, dass seine Liebe tiefer und weiter war als alles, was sie je gekannt hatten. Also halte zu Jesus. Er liebt dich mit genau derselben Liebe.
Der Vater von Jesus,
>Gott

Ich pries den höchsten Gott, ich lobte den, der ewig lebt.
Seine Herrschaft hört niemals auf, sein Reich bleibt für alle Zeiten
bestehen.

| Daniel | 4,31 |

Schalom, ich grüße dich!
>Die Welt, in der du lebst, ist heute real da und wird morgen vergehen. Politiker bekleiden ihr Amt nur von einer Wahl zur nächsten. Börsenspekulanten können zwar reich werden, wenn die Kurse steigen, aber sie können auch alles verlieren, wenn sie fallen. Berühmte Filmstars müssen erleben, wie sich ihre Popularität in nichts auflöst, sobald jemand daherkommt, der noch cooler und schöner und besser ist als sie. Musiker an der Spitze der Hitlisten setzen zum Sturzflug an, wenn sich die musikalischen Trends verändern und sie nichts Neues mehr bringen können. :,-(
Aber ich stehe seit Anbeginn an der Spitze, und da bleibe ich auch. :-o Mein Reich hat eine Beständigkeit, wie du sie sonst nirgendwo finden wirst. Und wenn du mir dein Leben anvertraust, gehört diese Beständigkeit dir. Ich gebe dir eine stetige Stärke, eine bleibende Kraft, eine unzerstörbare Freude, einen ewigen Frieden – Dinge, die dir niemand wegnehmen kann.
Dein ewiger Herr,
>Gott

♡ ✝ ◀ ❚❚ ▶ 🔽

Wer unter dem Schirm des Höchsten sitzt und unter dem Schatten
des Allmächtigen bleibt, der spricht zu dem Herrn:
Meine Zuversicht und meine Burg, mein Gott, auf den ich hoffe.

((Luther 1999) Psalm)   (91,1–2)

Friede sei mit dir!
>Wenn ein Tornado über das Land hinwegfegen und
sich genau auf deinen Wohnort zubewegen würde,
dann würdest du dir wahrscheinlich einen sicheren,
befestigten Raum suchen, in dem du Zuflucht
nehmen kannst, bis der tödliche Sturm vorbei ist.
Wenn du dich unter sengender Sonne durch eine
Wüste schleppen müsstest, wärst du sicherlich
dankbar, einen Schatten spendenden Baum zu
finden, unter den du dich setzen könntest.
Ich möchte, dass du eines verstehst: Ich bin dein
starker, befestigter Schutzraum in den rauen Winden
des Lebens. Ich bin dein Schatten spendender Baum
in der sengenden Hitze deines schwersten Tages. Ich
bin deine Zuflucht, dein Obdach und dein sicherer Ort
– egal, was los ist. Ich bin eine Sicherheitsdecke und
ein Dach der Zuversicht. Ich bin derjenige, dem du
vertrauen kannst. Öffne deine Augen für meine
Wirklichkeit. Öffne dein Herz für meine Liebe. Ich bin
für dich da. :-)
Deine feste Burg,
>Gott

Wer ist dein Lieblingsstar?

Fertige dir keine Götzenstatue an, auch kein Abbild von irgendetwas am Himmel, auf der Erde oder im Meer. Wirf dich nicht vor solchen Götterfiguren nieder, bring ihnen keine Opfer dar! Denn ich bin der Herr, dein Gott. Ich dulde keinen neben mir!

| 5. Mose | 5,8–9 |

Hallo, ich bin's wieder mal!
>Hast du schon einmal in einem Restaurant eine Buddha-Statue stehen sehen? Das ist ein Götze, ein von Menschen gemachtes Bild, das die Leute verehren. :-(Du kennst sicher auch viele andere Götzen. Verehren deine Freunde manche Rockstars oder Sportler? Es ist völlig okay, wenn man eine andere Person respektiert oder bewundert. Aber wenn du dein Zimmer mit Postern von jemandem tapezierst und ständig nur über diese Person redest – wenn du also bereit bist, für diese Person alles zu tun –, dann geht das ein bisschen zu weit.
Gibt es in deinem Leben irgendetwas, das wie ein Götze sein oder werden könnte? Gibt es irgendeine Person, eine Aktivität oder einen Gegenstand, den du über mich gestellt hast? Denke darüber nach. Wenn du dein Motorrad, deine Mode-Kollektion oder deinen Computer anbetest, was können diese bloßen Gegenstände für dich tun? Nichts! Ich aber bin lebendig und möchte Anteil an deinem Leben nehmen. Bete also nur mich allein an.
Die guten Gedanken über dir,
>Gott

Und trotzdem: Ich werde euch alles vergeben – aus freien Stücken.
Ich werde alles Böse für immer vergessen.

(Jesaja)　　　(43,25)

Wie geht es dir heute? :-)
>Ich möchte dir zeigen, wie radikal meine Vergebung
ist. Erstens: Wenn du mir sagst, was für Mist du
gebaut hast, und dich davon abwendest, dann
vergebe ich dir auf der Stelle. Das ist der erste
Schritt. Als Nächstes lösche ich deine Sünde
vollständig aus. Ich nehme einen dicken Schwamm
und wische den Fleck von dir ab. Egal, womit du dich
bekleckert hast. :-) Das ist so, als hättest du einen
dicken Klecks Tomatensoße auf deinen weißen
Tennisschuhen, und im nächsten Augenblick kannst
du nicht einmal mehr sehen, wo er war. :-o
Aber warte, es kommt noch besser! Ich lösche nicht
nur den Fleck aus, sondern wenn er weg ist, kann ich
mich nicht einmal mehr daran erinnern, dass da mal
ein solcher Fleck war! Ich kriege den totalen
«Gedächtnisschwund». Also bitte, komm mit allem,
was bei dir schiefläuft, zu mir und wende dich dann
davon ab. Dann tue ich das Meine. Ich lösche es aus
und vergesse es!
Dein Vater, der dir gern vergibt, :-)
>Gott

Hab keine Angst vor dem Leben

Doch gerade dann, wenn ich Angst habe, will ich mich dir
anvertrauen. Ich lobe Gott für das, was er versprochen hat;
ihm vertraue ich und fürchte mich nicht. Was kann mir ein Mensch
jetzt noch Böses tun?

| Psalm | 56,4–5 |

Hallo, ich bin's erneut!
>Klar, es gibt eine Menge Dinge, die einem Angst
einjagen können – Gewalt in der Schule, Leute, die
aus dem Auto heraus auf andere Menschen ballern,
Missbrauch von Kindern. Jeden Tag posaunen die
Schlagzeilen neue Gründe hinaus, um in Angst zu
leben. Man möchte sich am liebsten verkriechen und
die Bettdecke über den Kopf ziehen. :-(
Aber wenn du Angst hast, möchte ich, dass du
innehältst und dein Vertrauen auf mich setzt. Stell
dir dein Vertrauen vor wie eine kleine Holzschachtel.
Wenn du Angst hast, dann sieh dich selbst, wie du
diese Holzschachtel nimmst und ganz bewusst an
mich abgibst. Und während du das tust, achte darauf,
wie fest ich dein Vertrauen ergreife und sicher in
meinen großen Händen halte. Hab keine Angst. Ich
bin größer als alles, wovor du dich fürchtest. Ich
möchte, dass du hinausgehst und dein Leben voll
auskostest. Mach einen Unterschied, bewege etwas.
Und denk daran: Ich bin bei dir, heute und an jedem
Tag. :-)
Der, dem du voll vertrauen kannst,
>Gott

Denn Gott hat uns keinen Geist der Furcht gegeben, sondern sein Geist erfüllt uns mit Kraft, Liebe und Besonnenheit.

2. Timotheus	1,7

Schalom!
>Wer ist eigentlich dieser Heilige Geist, den ich meinen Kindern gebe? Stell dir vor, du könntest ihn in ein Labor bringen und wissenschaftlich analysieren. ;-) Was würdest du herausfinden? Als Erstes würdest du entdecken, dass er Kraft enthält – genug Kraft, um dich auf den Beinen zu halten, auch wenn der Weg beschwerlich wird; genug Kraft, um dir beim Kampf gegen das Böse zu helfen, auch wenn es dich noch so sehr täuschen will; genug Kraft, um jedes Hindernis zu überwinden. Du wirst auch eine gute, ausgewogene und ebenso einfühlsame wie pralle, farbige, uferlose, universale, schöpferische Energie und Dynamik vorfinden. Vor allem aber wirst du Liebe finden – Liebe, die nicht stolz oder neidisch oder ungeduldig ist; Liebe, die beschützt und vertraut und niemals aufhört. Aber du kannst suchen, solange du willst, eines wirst du in meinem Heiligen Geist niemals finden: Furcht. Ich werde dir niemals einen Geist der Furcht geben. Der dir Liebe, Kraft und einen klaren Verstand gibt,
>Gott

Ihr wisst, dass es im Gesetz heißt: «Du sollst nicht die Ehe brechen!» Ich sage euch aber: Schon wer eine Frau mit begehrlichen Blicken ansieht, der hat im Herzen mit ihr die Ehe gebrochen.

(Matthäus)　(5,27–28)

Friede sei mit dir!
>Wie du sicher weißt, ist Pornografie jetzt überall zu finden, und das bricht mir das Herz. :,-(Wenn du noch nie Pornografie gesehen hast, ist das super! Bitte schau dir niemals solche Bilder an! Wenn du schon einmal welche gesehen hast, habe ich dich trotzdem lieb. Wahrscheinlich schämst du dich, weil du dir das angesehen hast. Vielleicht hast du sogar das Gefühl, ich könnte dich deswegen nie wieder lieben. Dabei ist die Lösung ganz einfach: Sag mir nur, dass es dir leidtut, dass du dir so etwas angeschaut hast, und dann mach in Zukunft einen großen Bogen darum.
Bedeutet das, dass du niemals eine attraktive Person ansehen darfst? Absolut nicht. Es ist ein großer Unterschied, ob man das gute Aussehen einer Person bewundert oder ob man bei ihrem Anblick das Sabbern kriegt. Ich glaube, du kennst den Unterschied. Sabbern ist Lüsternheit, und Lüsternheit bringt dich um Kopf und Kragen. Ich will nicht, dass deine Emotionen derartig außer Kontrolle geraten. Richte deinen Blick und dein Herz auf mich. Ich bin dein Fixpunkt.
Der, der dich liebt, >Gott

 ♡ †　◀ ❚❚ ▶

Mein blindes Volk werde ich auf Straßen und Wegen führen,
die sie nicht kennen. Ich mache die Dunkelheit um sie her zum
Licht. Alle Steine räume ich zur Seite, die Schlaglöcher
fülle ich aus, damit sie auf einer ebenen Straße gehen können.

Jesaja	42,16

Hallo, du!
>Kommst du dir manchmal vor wie bei einem
Blindekuh-Spiel, als ob du mit einer Augenbinde
durchs Leben stolperst und nie genau weißt, wann du
gegen eine Mauer rennst oder von einer hohen Klippe
hinabstürzt? Ich möchte nicht, dass du dich wie in
tiefster Dunkelheit verlassen fühlen musst. Ich bin
hier, ganz nah bei dir.
Wenn du eine schwere Entscheidung treffen musst
und im Dunkeln tappst, was du denn jetzt tun sollst,
werde ich mit meinem Licht in die Situation
hineinleuchten, so dass dir die Antwort ganz klar
wird. Wenn du siehst, wie alle anderen in eine
finstere Sackgasse hineinlaufen, bleib stehen! Geh
nicht mit! Ich bin das Licht, das dich in die richtige
Richtung führt. Wenn du angefeindet wirst, weil du
für meine Sache eintrittst, und deswegen
Schwierigkeiten bekommst, werde ich mich zeigen
und den Weg unter deinen Füßen ebnen. Vertrau mir.
Ich bahne einen Weg für dich. Ich meine es gut mit
dir!
Mir ist nichts zu hoch und nichts zu tief,
>Gott

Ist das die Wahrheit?

Sag nichts Unwahres über deinen Mitmenschen!

| 5. Mose | 5,20 |

Na, wie läuft es bei dir?
>Ein Schläger verprügelt auf dem Schulhof einen Außenseiter, und alle schauen zu. Die Lehrerin fragt: «Hat jemand gesehen, wer Edgar so zugerichtet hat?» Keiner sagt einen Ton. Weißt du was? Damit haben alle gelogen, obwohl keiner was gesagt hat. Alles, was nicht die Wahrheit ist, ist eine Lüge. :-(
Ich möchte, dass du die Wahrheit kennst. Ebenso möchte ich, dass du die Wahrheit sagst. Manchmal werden andere Leute stinksauer auf dich sein, wenn du die Wahrheit sagst. Doch wenn du der Lehrerin sagst, wer Edgar verdroschen hat, dann ist das nicht gepetzt. (Natürlich wäre es besser, es würde gar nicht erst so weit kommen und du würdest Edgar helfen. Auch wenn das gefährlich werden könnte.) Wenn du mir nachfolgen willst, musst du für die Wahrheit geradestehen. Ich möchte, dass du so ehrlich bist, dass die Leute zu dir kommen, um deine Meinung zu hören. Weil sie genau wissen: Du sagst, was Sache ist. Wenn du lernst, die Wahrheit zu lieben, dann werde ich dir erlauben, für mich zu sprechen, weil ich dir vertrauen kann. :-)
Der, der die Wahrheit ist,
>Gott

Ich allein bin die Tür. Wer durch mich zu meiner Herde kommt,
der wird gerettet werden. Er kann durch diese Tür ein- und
ausgehen, und er wird saftig grüne Weiden finden.

| Johannes | 10,9 |

Ich hab da einen Gedanken für dich:
>Es gibt eine Tür, die direkt zu meinem Herzen führt.
Sie ist nicht verborgen oder schwer zu finden. Ich
habe dafür gesorgt, dass sie von überall gut zu sehen
ist, damit niemand sie vergeblich suchen muss. Was
das für eine Tür ist, von der ich rede? Mein Sohn
Jesus ist die Tür, die zu mir führt, und sie steht weit
offen, damit du hindurchgehen kannst. Jesus ist dir
näher als dein eigener Herzschlag – immer nur ein
Gebet weit entfernt.
Der Glaube an Jesus ist der Weg, der direkt in meine
Liebe, Barmherzigkeit und Kraft hinein und zu all den
Antworten führt, die du brauchst. Darum bete im
Namen von Jesus. Frage ihn nach seinem Willen und
nach seinen Plänen. Lege alles in die Hände von
Jesus, und du wirst dich auf meiner Weide
wiederfinden, wo die Herde meiner Familie sich satt
essen kann. Worauf wartest du noch? Komm herein
und mach dich über das saftige grüne Gras her! :-)
Ich bin dein bester Hirte,
>Gott

Du sollst nicht stehlen.

(5. Mose)　　(5,19)

Schalom!
>Eigentlich ist es ganz einfach, als Christ zu
leben. ;-) Wenn du je unsicher bist, was das Richtige
ist, kannst du es in der Bibel nachlesen. Und eines
der Dinge, die die Bibel dir sagt, ist, dass du nicht
stehlen sollst. Wenn jemand hart arbeitet, um sich
etwas zu verdienen, und dann kommst du einfach
hereinspaziert und nimmst es ihm weg – wie kann
das richtig sein? :-(
Es spielt keine Rolle, ob du denkst, dass der andere es
gar nicht vermissen wird oder dass der Diebstahl ihm
nicht schadet. Es spielt keine Rolle, wie arm du bist
oder wie reich der andere ist. Es spielt keine Rolle, ob
der andere dir auch schon mal was geklaut hat. Du
sollst nicht stehlen. Punkt.
Übrigens, wenn ein anderer gründlich gelernt hat
und du einfach seine Aufgaben abschreibst, dann ist
das auch Diebstahl. Das Zeug anderer Leute gehört
ihnen – so einfach ist das. Ich möchte, dass dir der
Respekt vor anderen und vor dir selbst wichtiger ist
als irgendwelcher Besitz. Menschen sollten dir
wichtig sein, nicht irgendwelche Sachen.
In diesen Dingen nehme ich's genau!
>Gott

　　◀ ❚❚ ▶

Auf den kahlen Hügeln lasse ich Bäche hervorbrechen, und in öden Tälern sollen Quellen entspringen. Ich verwandle die Wüste in fruchtbares Land mit Teichen und sprudelnden Quellen.

| Jesaja | 41,18 |

Friede sei mit dir!
>Vielleicht fühlt sich dein Herz heute an wie eine Wüste: ausgedörrt und leblos. Bisher hast du gelacht und geträumt und gehofft, aber jetzt nicht mehr. Im Moment steckst du in dieser Wüste fest und bist viel zu niedergeschlagen, um aus eigener Kraft irgendetwas zu verändern. Darf ich dich an etwas erinnern? Du bist nicht allein. Ich bin da, und ich kann jedes deiner unausgesprochenen Gebete hören. :-o
Und das ist noch nicht alles. Eine meiner liebsten Beschäftigungen ist es, lebendiges Wasser in ausgetrocknete Herzen zu pumpen! Ich kann in die Wüste deines Herzens kommen und dafür sorgen, dass dort Bäche fließen und Quellen entspringen. Ich kann in ausgedörrten Landschaften Teiche entstehen lassen. :-o Du hast schon deine Hände an den beiden Wasserhähnen, mit denen du mein lebendiges Wasser aufdrehen kannst: der eine Hahn heißt Vertrauen, der andere Lobpreis. Wenn du darauf vertraust, dass ich die Dinge verändern kann, und mich für meine Barmherzigkeit lobst, wird binnen kurzem das Wasser wieder zu fließen beginnen! >Gott

Ich liebe dich, Herr! Du bist meine Kraft! Der Herr ist mein Fels, meine Festung und mein Erretter, mein Gott, meine Zuflucht, mein sicherer Ort.

(Psalm) (18,2–3)

Hi, E-Mail für dich!
>Was wäre wohl aus Popeye geworden, wenn er seinen Spinat nicht gehabt hätte? Dann wäre es ihm schlecht ergangen. Brutus war zehnmal so stark wie Popeye. Aber solange Popeye jederzeit an seinen Spinatvorrat konnte, hatte Brutus keine Chance. Lass es mich flapsig sagen: Ich bin dein Spinat. ;-) Ich bin deine Kraft. Ich kann dir garantieren, dass es Dinge im Leben gibt, für die du nicht stark genug bist, um mit ihnen fertig zu werden. Mach dir deswegen keinen Kopf! Komm zu mir und bitte mich um Kraft. Ich kann deinen Verstand stark machen. Ich kann deinem Körper übernatürliche Stärke geben, um dich auf den Beinen zu halten. Ich kann dein Herz stark machen, wenn es zu brechen droht. Ich kann deinen Willen stark machen, wenn du kurz vor dem Aufgeben bist. Wenn du dich schwach fühlst, dann bete einfach: «Hilf mir, Gott.» Es ist nicht gemogelt, wenn du dich auf mich stützt. Ich will dir ja helfen! Deine Kraft und deine Stärke,
>Gott

«Auf! Jetzt bauen wir uns eine Stadt mit einem Turm,
dessen Spitze bis zum Himmel reicht!», schrien sie.
«Dadurch werden wir überall berühmt. Wir werden nicht über die
ganze Erde zerstreut ...»

| 1. Mose | 11,4 |

Alles klar bei dir?
>Seit Adam und Eva beschlossen, von der verbotenen
Frucht zu kosten, versuchen die Menschen, selbst
Götter zu sein. Vor langer Zeit zum Beispiel wollten
die Leute einen Turm bauen, der bis in den Himmel
reichen sollte. Eine ziemliche Lachnummer. ;-) Auch
heute noch versuchen Leute, alle möglichen neuen
Wege zum Himmel zu schaffen. Zum Beispiel, indem
sie kleine selbst gebastelte Religionen erfinden. Aber
glaub mir: Diese Religionen führen nicht zum
Himmel. >:-(
Damals sagten die Leute auch: «Dann werden wir
überall berühmt.» Sie kehrten meinem Namen den
Rücken zu und wollten ihren eigenen Namen ins
Rampenlicht rücken. Auch heute noch versuchen
Leute, ihre Namen aufzupolieren und ins gleißende
Rampenlicht zu stellen. Aber am Ende wird der Glanz
ihrer Namen stumpf werden, und ihre Lichter werden
verlöschen. Nur MEIN Weg kann einen Menschen zum
ewigen Leben führen. Nur MEIN Name und der Name
meines Sohnes werden für immer bleiben. Es ist so,
und es bleibt so.
Ich bin der Lebendige,
>Gott

Doch hängt nicht wehmütig diesen Wundern nach!
Bleibt nicht bei der Vergangenheit stehen! Schaut nach vorne,
denn ich will etwas Neues tun! Es hat schon begonnen, habt ihr es
noch nicht gemerkt?

(Jesaja)　　(43,18–19)

Hallo, du!
>Manchmal ist die Versuchung groß, wehmütig
zurück in die Vergangenheit zu schauen. Vielleicht
siehst du dort eine großartige Lebensphase, als alles
in deinem Sinn und wie am Schnürchen lief. Dann
sehnst du dich wahrscheinlich zurück nach der
«guten alten Zeit». Vielleicht siehst du dort aber
auch schlimme Dinge, ein gebrochenes Herz und
Träume, die nicht wahr geworden sind. Wenn es so
ist, überkommt dich vielleicht das Selbstmitleid,
oder du kannst nur noch daran denken, was alles
hätte anders sein können ... So oder so, mit dem
Blick nach hinten kann man nicht leben.
Ich möchte, dass du in diesem Augenblick Freude
findest: dass du vorausblickst zu den aufregenden
Herausforderungen, die vor dir liegen. Ich will, dass
du das Gestern loslässt und deine Hand nach meiner
Gnade ausstreckst, die jeden Morgen neu ist. Bitte
klemm dich nicht in der Vergangenheit fest: Ich tue
etwas Neues ... gerade jetzt ... in dieser Minute. Lass
dir nicht ein einziges meiner Wunder entgehen! :-o
Der Vater aller Neuanfänge,
>Gott

 ♡ †　　◄ ❙❙ ►

Wollte ich dich beeindrucken?

Viele Bäume pflanze ich [in der Wüste] an: Zedern, Akazien und Myrten, Ölbäume und Wacholder, Platanen und Zypressen. Wer das sieht, wird erkennen, dass ich, der Herr, hier eingegriffen habe; jeder weiß dann: Der heilige Gott Israels hat dies alles gemacht.

| Jesaja | 41,19–20 |

Und? Wie geht's dir heute?
>Es hat mir so viel Spaß gemacht, diese Welt zu entwerfen! Wie ein Set-Designer beim Film habe ich die Kulisse gestaltet und Wüsten, Wasserfälle, Felder und Berge geschaffen. Wie ein Landschaftsgärtner habe ich Bäume und Weinstöcke und blühende Büsche gepflanzt. Wie ein Künstler, der eine Leinwand mit Farben bedeckt, schuf ich herrliche Sonnenuntergänge und Küstenlandschaften und Jahreszeiten. Wie ein Komponist ließ ich eine großartige Symphonie der Geräusche entstehen – den Schrei der Eule, das Lied der Wale, den Gesang der Lerche und das Gebrüll des Berglöwen. :-o
Warum ich mir so viel Mühe gemacht habe? Wollte ich dich damit beeindrucken? Und ob! :-) Ich wollte, dass du dir vor Staunen die Augen reibst und den Einen erkennst und anbetest, dessen Hand all diese Wunder geschaffen hat.
Ich bin auch Künstler und Designer, ;-)
>Gott

... die Welt soll erfahren, dass ich den Vater liebe. Deswegen werde
ich das ausführen, was Gott mir aufgetragen hat.

| Johannes | 14,31 |

Friede sei mit dir!
>Mein Sohn Jesus war mir vollkommen gehorsam.
Wenn ich ihm sagte, er sollte zwölf Stunden lang
beten, also mit mir reden, dann tat er es. Wenn ich
ihm sagte, er sollte vierzig Tage lang nichts essen
und trinken, dann tat er es. Warum er mir gehorchte?
Weil er mich liebt. Solange du mich nicht liebst, wird
es dir unendlich lästig sein, mir zu gehorchen. Meine
Gebote werden dir dann nicht gefallen. :-(Aber wenn
du mich liebst, wirst du von dir aus das tun wollen,
was ich sage.
Wie du lernen kannst, mich zu lieben? Indem du
beginnst, meine Liebe zu dir anzunehmen. Wenn du
erst einmal begreifst, wie sehr ich dich liebe, und
wenn du erkennst, dass ich meinen Sohn geopfert
habe, nur um mit dir zusammen zu sein, weil ich
wunderbare Pläne für dein Leben habe und weil ich
stolz bin auf dich, dann erwacht in dir der Wunsch,
mich zurückzulieben. Sobald du mich liebst, ist der
Gehorsam mir gegenüber keine lästige Pflicht mehr.
Er ist dann die reine Freude. :-o
Unsere Beziehung birgt dieses Geheimnis,
>Gott

Ich aber, Herr, vertraue dir. Du bist mein Gott,
daran halte ich fest! Was die Zeit auch bringen mag,
es liegt in deiner Hand.

| Psalm | 31,15–16 |

Hallo, ich bin's mal wieder!
>Alles ist so gemacht, dass es nach bestimmten
Prinzipien funktioniert. Autos funktionieren nach
dem Prinzip des Verbrennungsmotors. Flugzeuge
funktionieren nach dem Prinzip der Aerodynamik. Du
bist ein Mensch, das komplexeste Geschöpf auf der
ganzen Welt. Du bist so gemacht, dass du nach dem
geistlichen Prinzip des Vertrauens funktionierst. Du
bist nicht dafür konstruiert, das Gewicht der Welt auf
deinen Schultern zu tragen.
Sorge raubt dir den Frieden, für den ich dich
bestimmt habe. Sorge macht dich nur krank. :,-(Also
gib deine Ängste und Sorgen an mich ab, und ich
werde dir meine Lösungen zeigen. Du hast keine
Macht, weder über eine einzige Sekunde der Zeit
noch darüber, wie schnell eine Pflanze wächst oder
wie bald der Frühling kommt. Aber du kannst lernen,
demjenigen zu vertrauen, der die Macht über all das
hat. :-) Dazu lade ich dich ein!
Der, dem du immer vertrauen kannst,
>Gott

Liebt den Herrn, euren Gott, bemüht euch immer wieder darum, denn es geht um euer Leben!

| Josua | 23,11 |

Hallo, du!
>Manche Dinge erfordern extrem viel Sorgfalt. Du würdest ja wohl nicht mit scharfen Messern jonglieren und dabei unkonzentriert von dem Film träumen, den du gestern Abend im Fernsehen gesehen hast. Du würdest keine Bombe entschärfen und nebenbei eine Zeitschrift lesen. Wichtige Dinge erfordern eine klare Fokussierung und große Aufmerksamkeit. :-o
Ich gehöre in die gleiche Kategorie. Ich bin wichtig. Wenn du mir nachfolgen willst, dann sei aufmerksam. Bitte stolpere nicht einfach so aufs Geratewohl durch die Woche in der Hoffnung, irgendwann schon noch ein paar Minuten für mich erübrigen zu können. Verabrede dich mit mir. Trag den Termin in deinen Kalender ein. Stell dir den Wecker. Wenn du im Gebet zu mir kommst, stell den Fernseher ab. Geh irgendwohin, wo dich nichts ablenkt. Sei still und horche. Dann, das verspreche ich dir, wirst du auch mitten im Chaos viel mehr Frieden haben.
Deine wichtigste Verabredung,
>Gott

♡ †　　　　◀ ❚❚ ▶　　　　 ⤓

Lasst uns einander lieben, denn die Liebe kommt von Gott.
Wer liebt, ist ein Kind Gottes und kennt Gott. Wer aber nicht liebt,
der weiß nichts von Gott; denn Gott ist Liebe.

| 1. Johannes | | 4,7–8 |

Na, wieder mal online? ;-)
>Ich möchte dir das Geheimnis verraten, das hinter
deiner Beziehung zu mir steckt. Wenn du dieses
Geheimnis erst einmal begriffen hast, wirst du nie
wieder an mir zweifeln. Ich bin Liebe. Das ist der
Schlüssel. Liebe ist der Grundbestandteil meines
Charakters und meiner Persönlichkeit. :-o Liebe ist
der Gedanke, der mir ständig durch den Kopf geht,
Tag und Nacht, rund um die Uhr. Liebe ist sozusagen
der Atem in meinen Lungen und der Puls meines
Herzens. Liebe ist der Weg, den ich eingeschlagen
habe, und davon werde ich niemals abweichen. :-)
Liebe ist so tief mit allem, was ich bin, verwoben,
dass du zu jeder Tages- und Nachtstunde zu mir
kommen kannst und dabei genau weißt, wen du
antreffen wirst: einen Gott der Liebe. Meine Gebote
sprechen mit dem Akzent der Liebe. Mein Heiliger
Geist schwebt auf den Wogen der Liebe. Mein Sohn
öffnet seine Arme der Liebe und sagt: «Komm zu
mir!»
Mir geht es vor allem anderen um die Liebe!
>Gott

Wie könnte ich mich dir entziehen; wohin könnte ich fliehen,
ohne dass du mich siehst? ... Eilte ich dorthin, wo die Sonne
aufgeht, oder versteckte ich mich im äußersten Westen,
wo sie untergeht, dann würdest du auch dort mich führen und
nicht mehr loslassen.

(Psalm)　(139,7 und 9–10)

Ist alles okay bei dir?
>Manchmal hast du das Gefühl, als ob ich direkt
neben dir stünde, und ein andermal empfindest du
mich als weit weg. Wenn ich weit weg zu sein
scheine, dann denke daran: Das ist nur eine
Täuschung. Ich bin immer noch ganz dicht bei dir.
Ich bleibe immer an deiner Seite, egal, wie lange die
Reise dauert. Es gibt überhaupt keinen Ort, wo du
hingehen könntest, der so weit weg wäre, dass ich
dich dort nicht sehen oder erreichen könnte. :-o
Warum hast du also das Gefühl, du hättest mich
verloren, wenn es gar nicht so ist? Weil du mir
manchmal den Rücken kehrst. Dann verlierst du mich
aus den Augen und fühlst dich ganz allein. Oder du
stellst irgendetwas zwischen uns – irgendeine Sorge
oder eine Angst oder eine Liebe zu etwas anderem –,
was dein Blickfeld so sehr ausfüllt, dass du mich gar
nicht mehr wahrnimmst. :-(Leg deine Sorgen ab.
Stell die anderen Dinge, die du liebst, unter deine
Liebe zu mir. Dann wirst du plötzlich sehen: Ich war
die ganze Zeit da! :-)
Dein Freund für immer,
>Gott

♡ †　　　◀ ❚❚ ▶　　　　📥

Ich bin der Herr über alle Menschen, mir ist nichts unmöglich ...
Ich will einen Bund mit ihnen schließen, der für alle Zeiten gilt:
Nie werde ich aufhören, ihnen Gutes zu tun.

(Jeremia)　　　(32,27 und 40)

Ich hatte Sehnsucht nach dir!
>Science-Fiction-Filme sind sehr beliebt. In
manchen dieser Movies gibt es Superhelden, die mit
ihren fantastischen Fähigkeiten das Publikum in
Erstaunen versetzen: übermenschliche Kräfte,
unvorstellbare Geschwindigkeit, sagenhafte
Intelligenz. Menschliche Köpfe haben sich diese
imaginären Gestalten ausgedacht, aber vergiss nicht:
Die menschlichen Köpfe habe ICH geschaffen!
Findest du nicht auch, dass ich erstaunlicher bin als
der erstaunlichste Sci-Fi-Superheld? :-o
Mir ist nichts zu schwer. Nichts ist so hoch, dass ich
es nicht erreichen, und nichts so tief, dass ich es
nicht ausloten könnte. Kein Mensch ist so verirrt,
dass ich ihn nicht finden könnte, wenn er nur nach
mir rufen würde. Fragst du dich, warum jemand, der
so mächtig ist wie ich, jemanden wie dich zur
Freundin oder zum Freund haben möchte? Weil ich
dich für unsere Freundschaft geschaffen habe. Ich
habe eine Riesenfreude an dir. Du machst mich sehr
glücklich! :-)
Der in deinem Herzen liest,
>Gott

*Der Erste unter euch soll sich allen anderen unterordnen,
und wer euch führen will, muss allen dienen.*

| Lukas | 22,26 |

Friede mit dir!
>Wahrscheinlich kennst du auch in deiner Schule so ein paar Superangeber, die auf ihre Mitschüler herabsehen, die in ihren Augen nicht so cool oder so sportlich oder so beliebt sind wie sie. Bei Jesus war's anders: Er machte seinen Jüngern ganz unmissverständlich klar, dass sie sich nicht so in die Brust werfen und sich nicht so wichtig machen sollten. Genau dasselbe, was er zu ihnen sagte, sagt er heute auch zu dir. Dir muss klar werden: In unserem Reich herrschen andere Maßstäbe. :-o
Der Coolste ist in meinen Augen derjenige, der sich gar nicht cool zu geben versucht. Wer bereit ist, sich ganz hinten anzustellen, ist in Wirklichkeit der Erste in der Reihe. Derjenige, der bereit ist, sich mit dem unbeliebten Schulkameraden anzufreunden, der ist beliebt bei Jesus und mir. Denk mal darüber nach. Jesus ist mein Sohn, und doch ist er auf die Erde gekommen, um anderen Menschen zu dienen. Ich möchte, dass du so bist wie er.
Der mit den anderen Maßstäben,
>Gott

Deine Güte und Liebe werden mich begleiten mein Leben lang;
in deinem Haus darf ich für immer bleiben.

| Psalm | 23,6 |

Ich habe dich nicht vergessen!
>Was meinst du, wie es im Himmel aussieht? Stellst
du dir bauschige Wolken vor und pummelige, Harfe
spielende Putten, die mit winzigen Flügeln
herumflattern? ;-) Das ist bizarr! Lass mich dir ein
anderes Bild vom Himmel malen. Stell dir dein
Traumhaus vor: vielleicht ein großes Blockhaus in der
Einsamkeit der Berge, umgeben von wogender
Wildnis. Vielleicht eine große Villa am Strand mit
einer Glasfront zum Meer hin, von wo aus du eine
leuchtend blaue Bucht und menschenleere Strände
überblicken kannst. Wie auch immer, stell dir das
gemütlichste Haus vor, das du dir denken kannst.
Nun stell dir vor, dass all deine besten Freunde und
liebsten Menschen dort sind. Die Tische biegen sich
unter den erlesensten Köstlichkeiten. Es gibt tolle
Musik. Du hast einen Spaß wie noch nie im Leben.
Und das alles wird möglich, weil ich der Gastgeber
bin. Der Himmel ist ein Ort, den ich für dich gemacht
habe. Wenn du meinen Sohn Jesus gebeten hast, die
Herrschaft in deinem Leben zu übernehmen, ist im
Himmel ein Platz für dich reserviert. Für immer in
meinem Haus leben – das ist der Himmel. >Gott

Mach die Scheinwerfer an

Herr, dein Wort bleibt für immer und ewig. Schon als du den Himmel erschufst, war es gültig ... Dein Wort ist wie ein Licht in der Nacht, das meinen Weg erleuchtet.

(Psalm)   (119,89 und 105)

Ich bin's wieder!
>Hast du schon mal versucht, dich in der Dunkelheit ohne Taschenlampe auf einem schmalen Pfad zurechtzufinden? Besonders schnell kommst du dabei nicht voran, stimmt's? Über jeden Stein und jede Wurzel stolperst du. Und du weißt nicht einmal genau, ob du überhaupt noch in die richtige Richtung gehst. Wer weiß, vielleicht gehst du ja schon seit Stunden immer im Kreis herum! :-o Genauso ist es, wenn du versuchst, dich ohne das Licht meines Wortes durchs Leben zu schlagen. Du kannst gar nicht anders, als dich zu verirren – ein Leben voller Unebenheiten, Umwege und falscher Abzweigungen ist dir sicher. Doch wenn du mein Wort liest, ist das so, als ob du die Scheinwerfer einschaltest. Plötzlich siehst du im Flutlicht alles ganz deutlich! Und wenn du auch nicht sehen kannst, wo der Weg endet, wirst du doch sehen können, wo du gerade bist und wo es weitergeht. Also, nimm mein Wort zur Hand und mach die Scheinwerfer an. ;-)
Ich mache deinen Weg hell,
>Gott

Kann jemand die Wassermassen der Meere mit der hohlen Hand
messen oder die Weite des Himmels mit der Handspanne
bestimmen? Und kann jemand die Erdmassen in Eimer abfüllen,
die Berge wiegen und alle Hügel auf die Waagschale legen?

Jesaja	40,12

Na, wie läuft's heute bei dir?
>Ich bin richtig stolz auf die Fortschritte, die die
Menschen gemacht haben. :-) Ich sehe die schönen
Gebäude, die Straßen und Brücken. Ich sehe die
medizinischen Entdeckungen, die leidenden
Menschen Heilung und Erleichterung bringen. Ich
sehe die erstaunlichen Fortschritte auf den Gebieten
der Technik und der Kommunikation.
Aber ich sehe auch die stolzen Herzen der Menschen.
Sie vergessen, dass all diese Errungenschaften nicht
möglich gewesen wären, wenn ich nicht eine Welt
voller natürlicher Ressourcen geschaffen hätte.
Nichts von alledem hätte ohne meine Gaben der
menschlichen Intelligenz und Vernunft
bewerkstelligt werden können. Die Leute machen das
Geld und den Fortschritt und ihre eigenen
Fähigkeiten zu Göttern, statt sich an den Einen zu
halten, der von Anfang an da war und die ganze Erde
ins Dasein gerufen hat. >:-(Bitte sei du nicht so
vergesslich. Denk an mich.
Ich werde nicht gerne vergessen,
>Gott

♡ †　　　◀ ❚❚ ▶

Ihm antwortete Jesus: «Wer mich liebt, richtet sich nach dem, was ich ihm gesagt habe. Auch mein Vater wird ihn lieben, und wir beide werden zu ihm kommen und immer bei ihm bleiben.»

| Johannes | 14,23 |

Ich wünsche dir das Allerbeste!
>Stell dir vor, du hast einen Freund, der dir zwanzig Mal am Tag sagt, wie sehr er dich mag. Aber dann nutzt er die erstbeste Gelegenheit, um deine Gefühle zu verletzen oder dir Geld zu klauen oder ein böses Gerücht über dich in Umlauf zu bringen. :-(Wäre das ein guter Freund? Wohl kaum. Ein Freund ist jemand, der dir gegenüber loyal ist. Jemand, der sich auf eine Art benimmt, die beweist, dass seine Beteuerungen der Freundschaft nicht nur leere Worte sind.
Ich möchte, dass du mir deine Freundschaft nicht nur mit Worten ausdrückst. Ich möchte, dass dein Leben so voll ist von meiner Liebe, dass die Leute nicht lange überlegen müssen, ob du mein Freund bist. Sie schauen dich nur an und sehen meine Worte und meine Handschrift überall in deinem Leben und wissen Bescheid. Dann werden mein Sohn und ich zu dir kommen und in deinem Herzen Wohnung nehmen und Tag und Nacht bei dir leben. :-)
So nah, näher geht's nicht,
>Gott

Den Ort nannte [Abraham]: «Der Herr versorgt.» Noch heute sagt man darum: «Auf dem Berg des Herrn ist vorgesorgt.»

1. Mose	22,14

Schalom, Friede sei mit dir!
>Einer meiner eindrucksvollsten Namen ist «Jahwe-Jireh», was so viel bedeutet wie: «Der Herr ist mein Versorger.» Das heißt also: Ich bin der Gott, der für seine Kinder sorgt. Vor langer Zeit lernte Abraham eine Lektion über meine Versorgung, die er nie wieder vergaß. Abraham war bereit, seinen geliebten Sohn zu opfern, aber ich versorgte ihn stattdessen mit einem Widder. Abraham lernte daraus, dass ich zwar manchmal Leute auf die Probe stelle, dass ich sie aber auch versorge. :-o
Das trifft auch für dich zu. Wie auch immer die Umstände und die Situation sein mögen – seien es Prüfungen, Klassenarbeiten oder Versuchungen –, halte die Augen offen für meine Versorgung, und du wirst sie dort vorfinden. Halte Ausschau nach mir inmitten deiner schwersten Zeiten, und du wirst mich dort finden. Ich versorge dich mit allem, was du brauchst: mit Weisheit, Kraft, Hoffnung und Glauben. :-)
Bei mir wirst du gut versorgt,
>Gott

Wachset aber in der Gnade und Erkenntnis unseres Herrn und Heilands Jesus Christus. Ihm sei Ehre jetzt und für ewige Zeiten!

((Luther 1999) 2. Petrus)   (3,18)

Hey, E-Mail für dich!
>Wachsen kann man auf viele verschiedene Arten. Du kannst in die Länge wachsen oder in die Breite. ;-) Du kannst aber auch bezüglich Unausstehlichkeit oder Bildung wachsen. Du kannst bzgl. sozialer Reife oder weltlicher Raffinesse wachsen. Du kannst bezüglich Zynismus oder Albernheit wachsen, bezüglich Unabhängigkeit oder Selbstzufriedenheit.
Aber ich bitte dich, in zwei sehr wichtigen Punkten zu wachsen: Wachse in der Gnade und in der Erkenntnis deines Herrn und Retters Jesus Christus. Das ist das Wachstum, das dich wirklich verändert. In seiner Gnade zu wachsen heißt, ein Mensch voller Barmherzigkeit zu werden, genau wie Jesus. In seiner Erkenntnis zu wachsen heißt, eine gute Grundlage zu legen, auf der dein Glaube gedeihen und Früchte tragen kann. Wachse also in geistlichen Dingen – in seiner Gnade und auch in seiner Erkenntnis. :-)
Ich freue mich über dein Wachstum,
>Gott

♡ †   ◀ ❚❚ ▶   🔽

Zeig's den anderen!

Gott, mit unseren eigenen Ohren haben wir's gehört; unsere Väter haben uns erzählt, was für große Taten du zu ihrer Zeit vollbracht hast ...

Psalm	44,2

Hallo, du!

>Wenn du mich einmal kennen gelernt hast, gehört es zum Besten, was du tun kannst, dass du anderen Leuten davon erzählst, wie und was ich in deinem Leben wirke. Vielleicht warst du früher sehr oft deprimiert, aber seit du dich mir anvertraut und angefangen hast, in meinem Wort zu lesen, wächst immer mehr Hoffnung in dir. Vielleicht bist du dir immer wie ein Außenseiter vorgekommen, aber seit du mir vertraust, gehörst du zu einem neuen Kreis – einem Freundeskreis, der mit Begeisterung sieht, was ich tue. Das sind die ganz persönlichen Wunder, die du erlebt hast. :-)

Ich weiß, die Teilung des Schilfmeers war ein Wunder. Aber glaub mir, ein Meer der Niedergeschlagenheit zu teilen, ist ein ebenso großes Wunder! Klar, den Planeten Erde zu erschaffen war ziemlich aufregend. Aber eine neue Gruppe von Freunden zu erschaffen ist auch ganz schön anspruchsvoll. Darum erzähle anderen von mir. Tratsche nach Herzenslust über die Gute Nachricht. ;-) Die anderen haben es genauso nötig wie du, mich kennen zu lernen.

Ich will nicht verschwiegen werden! >Gott

Eine jubelnde Menge

Da wir nun so viele Zeugen des Glaubens um uns haben, lasst uns alles ablegen, was uns in dem Wettkampf behindert, den wir begonnen haben – auch die Sünde, die uns immer wieder fesseln will. Mit zäher Ausdauer wollen wir auch noch das letzte Stück bis zum Ziel durchhalten.

Hebräer	12,1

Wie geht es dir heute?
>Weißt du eigentlich, dass dir all die großen Männer und Frauen des Glaubens im Himmel zujubeln – Mose und Abraham, Ruth und Sara, Petrus und Paulus und auch Jesus selbst? Sie alle schauen von ihrer himmlischen Tribüne aus zu, wie du deinen eigenen Wettlauf des Glaubens bestreitest. Sie alle rufen dir zu: «Los! Lass nicht nach! Du schaffst es!» :-o
Was das für ein Wettlauf ist? Ich habe dich aufgefordert, deinen Glauben mitten in deiner Welt auszuleben. Also da, wo du bist: in deiner Familie, in deiner Schule, in deiner Straße. Ich habe dich gebeten, dich von den Versuchungen zu lösen, die dich ins Straucheln bringen wollen, damit du voller Liebe Dinge anpacken, voller Barmherzigkeit auf andere zugehen und voller Kraft meine Worte der Hoffnung an verzweifelte Menschen weitergeben kannst. Also auf ins Rennen! Vertrau mir. Du läufst nicht allein. Ich bin hier, direkt an deiner Seite! :-)
Von Herzen gern dein Coach,
>Gott

♡ †   ◀ ❚❚ ▶   🔽

Ich halte Ausschau nach dir!

Der Herr steht allen bei, die allein ihm vertrauen.
Auf der ganzen Welt sucht er nach solchen Menschen.

2. Chronik	16,9

Ich denke immer wieder an dich!
>Ich bin auf der Suche nach jemand gaaanz
Besonderem. Rund um die Uhr halte ich Ausschau
nach einer bestimmten Person, die ich segnen und
stärken möchte. :-) «Wer ist diese geheimnisvolle
Person?», fragst du jetzt vielleicht. Nun, eigentlich
ist gar nichts Geheimnisvolles daran.
Ich suche nach all denen, deren Herzen ganz mir
gehören. Nach allen Menschen, die meine Gedanken
zu den ihren machen wollen. Nach allen Leuten, die
mit all ihrer geistlichen Kraft meinen Fußstapfen
folgen wollen. Wenn ich dann so einen Menschen
finde, gibt es nichts, was ich nicht tun würde, um
dieser Person alle Kraft und Energie zu schenken, die
sie braucht, um sich mir ganz hinzugeben und für
mich zu leben! Du musst beileibe nicht perfekt sein,
um mir zu gefallen. Es reicht mir völlig, wenn ich ein
Herz finde, das sich nach einer Beziehung zu mir
sehnt. Und das ist schon alles, was du brauchst. :-)
Der, der nach dir sucht,
>Gott

Aber die vom Volk, die ihren Gott kennen,
werden sich ermannen und danach handeln.

(Luther 1999) Daniel   11,32

Friede mit dir!
>Ich möchte, dass du mich so gut kennst, dass alle
Zweifel, die du je an mir hattest, sich völlig in Luft
auflösen. Ich möchte, dass du einen tiefen, festen,
kindlichen Glauben an mich hast, der durch nichts zu
erschüttern ist. So einen Glauben kannst du nur
haben, wenn du mich so kennen lernst, wie ich
wirklich bin – wenn du anfängst zu verstehen, dass
ich 1. auf deiner Seite bin, dass ich 2. darauf brenne,
mich vor dich zu stellen, wenn andere gegen dich
sind, und dass 3. meine Liebe zu dir keine Grenzen
hat. :-)
Wenn du all das weißt, wirst du staunen, wie mutig
und kühn du auf einmal bist und wie entschieden du
in Situationen handeln kannst, in denen dir früher
vor Angst die Knie geschlottert hätten. Dein Mut
wird aber nicht aus deiner eigenen Kraft kommen,
sondern aus dem Wissen, dass meine Gegenwart dich
in jedem Augenblick beschirmt, beschützt und
behütet. Der Schlüssel zum Mut ist es, mich zu
kennen.
Dein Freund und Vater,
>Gott

Gott ist Liebe, und wer in dieser Liebe bleibt,
der bleibt in Gott und Gott in ihm ... Wir lieben, weil Gott uns
zuerst geliebt hat.

| 1. Johannes | 4,16 und 19 |

Hallo, du!
>Bist du schon mal mit einem Freund in einen Streit
geraten, der ungefähr so verlief:
«Du bist total gemein zu mir.» / «Aber du hast
angefangen.» / «Na ja, ich hätte nicht angefangen,
wenn du nicht so gemein gewesen wärst.» / «Ich
wäre ja jetzt nett zu dir, aber du bist ja immer noch
gemein.»
Wie kommt man aus so einer Endlosschleife wieder
heraus? Ganz einfach: Irgendwann muss einer sich
durchringen und den ersten Schritt tun, um wieder
nett zu sein. Dann wird sich auch der andere
erweichen lassen. Mein Sohn Jesus hat dir gegenüber
den ersten Schritt getan. Als du noch sauer auf mich
warst, als du noch nicht an mich glaubtest, als du
noch gemein warst zu mir und auch zu vielen anderen
Leuten, da hat Jesus das Eis gebrochen und gesagt:
«Ich habe dich trotzdem lieb.» Und weil Jesus dich
liebt, kannst du derjenige sein, der andere zuerst
liebt. Du kannst derjenige sein, der das Eis bricht. Du
hast es nicht nötig, dass die anderen dich immer
zuerst lieben, denn das hat Jesus ja schon getan.
Sein und dein stolzer Vater, :-)
>Gott

Schwachheit als Chance

Aber er hat zu mir gesagt: «Meine Gnade ist alles,
was du brauchst! Denn gerade wenn du schwach bist,
wirkt meine Kraft ganz besonders an dir.» Darum will ich vor allem
auf meine Schwachheit stolz sein.
Dann nämlich erweist sich die Kraft Christi an mir.

| 2. Korinther | 12,9 |

Ein herzlicher Gruß für dich!
>Nirgends auf der Welt kann meine Kraft besser
sichtbar werden als bei Leuten, die bereit sind
zuzugeben, dass sie Hilfe brauchen. Immer wenn ich
eines meiner Kinder sagen höre: «Gott, hilf mir! Ich
komme hier nicht klar!», bin ich sofort zur Stelle, und
meine Kraft powert gleich los. ;-)
Wenn ein muskulöser Riese mit einem IQ von 200
etwas Tolles zustande bringt, sagen alle nur: «Klar,
hast du was anderes erwartet?» Keiner ist überrascht.
Selbst wenn ich ihm dabei geholfen hätte, würde
niemand an mein Zutun glauben. Sie würden seine
Leistungen einfach nur seiner eigenen Kraft und
Intelligenz zuschreiben. Aber wenn jemand, der
bisher immer schwach war, plötzlich stark wird und
auch offen sagt: «Das war Gott! Gott hat das in mir
bewirkt!», dann spitzen alle die Ohren. Manche, die
so etwas miterleben, werden sich zu mir hinwenden
und anfangen zu glauben. Also danke mir für deine
Schwächen. Sie können auch Chancen sein! :-)
Deine Kraft, gerade in Schwachheit,
>Gott

Ich stille deinen Durst

Aus deinem Überfluss schenkst du ihnen mehr als genug, mit Freude und Wonne überschüttest du sie. Du bist die Quelle – alles Leben strömt aus dir. In deinem Licht sehen wir das Licht.

| Psalm | 36,9–10 |

Na, alles gut bei dir?
>Schau dich nur mal um. Überall siehst du Leute, die in allen möglichen Süchten gefangen sind: Alkohol, Drogen, Essen, Rauchen, sexuelle Verirrungen, Glücksspiel und und und ... Die Liste ließe sich endlos fortsetzen. Warum bringen so viele Leute ihr Leben in derartige Gefahr? Sie haben einen wahnsinnig großen, brennenden seelischen Durst, den sie offenbar nicht stillen können. Und die meisten von ihnen wissen nicht einmal, wonach sie sich konkret sehnen. :-(
Sie merken nicht, dass sie durstig sind nach mir – nach meiner Gegenwart, meiner Gemeinschaft, meinen Worten und meiner Liebe. Also schütten sie sich weiterhin mit allen möglichen Giften zu, während ihre Seelen langsam aber sicher verdursten. Du sollst wissen, dass ich jede Menge von dem einzigen Wasser habe, das deinen Durst stillen kann. Es ist lebendiges Wasser. Stille erst deinen eigenen Durst, und führe dann die Durstigen zu mir.
Die Quelle des Lebens,
>Gott

♡ †   ◀ ❚❚ ▶ 🔽

Hab Mitleid und bete für sie

Sie spotten: «Der ist erledigt! Selbst Gott kann ihm nicht mehr helfen!» Aber du, Herr, nimmst mich in Schutz. Du stellst meine Ehre wieder her und verhilfst mir zu meinem Recht.

Psalm   3,3–4

Ich hab noch einen Gedanken für dich!
>Bestimmt kennst du ein paar Leute, die dich für einen ziemlichen Spinner und «Loser» (einen Verlierer) halten, weil du an mich glaubst. Sie lachen dich vielleicht sogar aus oder reden hinter deinem Rücken über dich, weil du dein ganzes Vertrauen auf jemanden setzt, den man gar nicht sehen kann. :-(
Nun, wenn das so ist, dann möchte ich, dass du Mitleid mit ihnen hast und für sie betest. Hab Mitleid mit ihnen, denn sie müssen sich durchs Leben schlagen, ohne meine unvergängliche Liebe zu erleben. Und bete darum, dass ihre blinden Augen geöffnet werden, damit sie über den Tellerrand der physischen Wirklichkeit hinausschauen können – hinaus in die riesige geistliche Welt. Im Übrigen kannst du ganz beruhigt sein: Ich werde nicht zulassen, dass sie dich mit ihren zynischen Bemerkungen von mir wegziehen. Ich nehme dich in Schutz, denn ich bin dein engster Freund. :-)
Für immer dein Mutmacher,
>Gott

Von allen Seiten umgibst du mich und hältst deine
schützende Hand über mir ... Wie könnte ich mich dir entziehen;
wohin könnte ich fliehen, ohne dass du mich siehst?

| Psalm | 139,5 und 7 |

Schalom!
>Hast du schon mal zugeschaut, wie ein Kleinkind
mit seinem Papa «Kuckuck» gespielt hat? Wenn es
die Decke übers Gesicht zieht, denkt es, Papa könnte
es nicht mehr sehen. Es hat noch nicht gelernt, dass
die Liebe seines Papas ein ganzes Stück größer ist als
diese Decke! Mit seiner Liebe umgibt und sieht er es
von allen Seiten. Er wird es nicht aus den Augen
lassen. :-o
So ist es auch mit meiner Liebe zu dir. Ich bin vor dir
und hinter dir. Ich bin über dir, um über dich zu
wachen, und unter dir, um dich zu tragen. Es mag
Zeiten geben, wo du am liebsten weglaufen und dich
vor mir verstecken würdest. Vielleicht hast du das
auch schon mal getan. Aber mach dir bitte Folgendes
klar: Meine Augen sehen dich, wo immer du bist.
Mein Herz liebt dich, ganz egal, was du gerade
durchmachst, und meine Hand ist ausgestreckt, um
dich zu Hause willkommen zu heißen.
Der, der auch ins Verborgene sieht, :-)
>Gott

Arbeit gehört nun mal dazu

Herr, unser Gott! Zeige uns deine Güte!
Lass unsere Mühe nicht vergeblich sein! Ja, lass unsere Arbeit
Früchte tragen!

| Psalm | 90,17 |

Friede sei mit dir!
>Jeder muss arbeiten. Das ist nun mal so. Aber auf die richtige Einstellung dazu kommt es an. Davon hängt ab, ob du Spaß an deiner Arbeit hast und sie gut machst, oder ob du immer nur moserst und herumbummelst. Ein Bummelant muss sich vielleicht nicht so abrackern, aber das macht das Leben für ihn auch nicht leichter. Er wird dadurch nur unzufrieden, weil er nie die Befriedigung und den Stolz erfährt, die man nach erfolgreich getaner Arbeit in der Regel empfindet. :-(
Wenn Leute mit Begeisterung und Energie ans Werk gehen, werden sie am Ende auf sich und ihre Leistung stolz sein. Darum bete immer zuerst, wenn du mit einer Arbeit beginnst – ob du nun den Rasen mähst oder einen Aufsatz oder eine Prüfung schreibst. Denk daran, dass ich bei dir bin und dich mag. Arbeite hart und habe deinen Spaß daran, weil du weißt, dass ich gleich an deiner Seite mitarbeite.
Dein liebender Vater, :-)
>Gott

Dein Körper ist ein Wunder!

Weil ihr Gottes Barmherzigkeit erfahren habt, fordere ich euch auf, liebe Brüder und Schwestern, mit eurem ganzen Leben für Gott da zu sein. Seid ein lebendiges Opfer, das Gott dargebracht wird und ihm gefällt.

| Römer | 12,1 |

Hallo, du!
>Dein Körper ist ein Wunder, ein Schatz und ein Geschenk. Ich habe ihn entworfen, und ich bin stolz auf meine Arbeit! Denk nur daran, wie erstaunlich es ist, dass du bei jedem Atemzug genau die richtige Menge Sauerstoff in deine Lungen aufnehmen kannst, ohne auch nur einen Moment darüber nachzudenken! Dein Herz schlägt genau im richtigen Rhythmus, um dein Blut durch ein fein verästeltes System von Adern und Gefäßen zu verteilen, das sich durch deinen ganzen Körper zieht. Und dein Verdauungssystem verarbeitet das Essen und verteilt die Nährstoffe, die du zu dir nimmst. :-o
Nur ich konnte dich so machen, wie du bist. Nur ich sorge dafür, dass du Tag für Tag leben und weitermachen kannst. Nur ich kenne die wahren, wichtigen Zwecke, für die du gemacht bist. Denk an alles, was ich für dich getan habe, und gib mir zurück, was ich dir gegeben habe – dich selbst. Ist das zu viel verlangt?
Der, der dich erfunden hat,
>Gott

Der Glaube ist der tragende Grund für das, was man hofft:
Im Vertrauen zeigt sich jetzt schon, was man noch nicht sieht.

(Hebräer) (11,1)

Pass auf, Post für dich!
>Der Pilot eines Passagierflugzeugs würde sich
wahrscheinlich gar nicht erst ins Cockpit setzen,
wenn nicht jemand im Tower wäre, der mithilft, dass
die Maschine sicher zu ihrem Bestimmungsort
kommt. Falls sich das Wetter verschlechtert, weiß der
Pilot, dass ihm jemand aus dem Tower per Funk Tipps
geben kann, wie er durch den undurchdringlichen
Nebel oder die Regenfront hindurchkommt. Falls ein
entgegenkommendes Flugzeug von seinem Kurs
abweicht und der Maschine zu nahe kommt, kann der
Pilot es vielleicht nicht sehen, aber der Fluglotse hat
es auf seinem Radarschirm und kann den Piloten
entsprechend beraten. Darum verlässt sich der Pilot
auf den Tower.
Wenn du dich auf mich verlässt und dein Vertrauen
auf mich setzt, kann ich dich durch alle
Wetterfronten des Lebens hindurchlotsen. Darum
bitte ich dich, an mich zu glauben.
Immer gern dein Fluglotse, ;-)
>Gott

Taten sprechen lauter als Worte

Ihr selbst seid doch der beste Empfehlungsbrief für uns.
Er ist in unser Herz geschrieben und kann von allen gelesen
werden.

| 2. Korinther | 3,2 |

Wie geht es dir?
>Was beeindruckt dich mehr – wenn jemand eine
aufrüttelnde Rede über den Hunger in der Welt hält
oder wenn jemand sein Geld dafür einsetzt, eine
hungernde Familie mit Essen zu versorgen?
Beeindruckt es dich mehr, wenn jemand einen
Zeitungsartikel gegen den Rassenhass schreibt oder
wenn jemand einem Menschen hilft, der aufgrund
seiner Hautfarbe – oder weil er aus einem anderen
ethnischen Hintergrund kommt – benachteiligt oder
sogar angegriffen wird? Ist es nicht so, dass Taten
immer lauter sprechen als Worte? Ich finde schon. ;-)
In deiner Umgebung gibt es viele Menschen, die
vielleicht nie die Bibel lesen würden. Was sie aber
lesen, das ist der Brief, den dein Leben schreibt. Und
dann werden sie hoffentlich sagen: «Irgendetwas an
dieser Person ist anders. Aber was? Ich will das in
meinem Leben auch haben!» Darum schreib meine
Worte in dein Herz, wo sie etwas in deiner Welt
bewirken können. :-)
Der Verfasser deines Lebens,
>Gott

Du sorgst für das Recht der Unterdrückten und Waisen,
jeder Gewaltherrschaft auf Erden machst du ein Ende.

| Psalm | 10,18 |

Hallo!
>Auf den Straßen von Kalkutta bettelt genau in
diesem Augenblick ein zwölfjähriges Mädchen um
etwas zu essen. Arundatha hat keine Eltern. Sie ist
krank und unterernährt. Man hat sie schon so oft
sexuell missbraucht, dass es inzwischen ganz normal
für sie ist. Sie ist nur eines von Millionen verwaister
Straßenkinder in den Städten dieser Welt. Wo wird sie
Mitleid finden? :,-(
Warum ich dir das erzähle? Weil es überall Menschen
gibt, denen es schlecht geht. Frag mich bitte danach,
inwiefern dich das etwas angeht – wie du dich
engagieren, wem und wo du helfen könntest.
Vielleicht möchte ich dich finanziell segnen, damit
du mithelfen kannst, Missionare in die Welt
auszusenden. Vielleicht möchtest du aber auch selbst
mit anpacken. Auf jeden Fall kannst du beten. Lass
uns Zeit zusammen verbringen, damit ich dir deutlich
machen kann, was ich mit deinem Leben im Sinn
habe. Ich verspreche dir, es wird dir mehr Freude
machen, als du dir je erträumt hast. Und wie es beim
Geben eigentlich immer ist: Du wirst viel mehr
zurückbekommen, als du je geben könntest. >Gott

♡ †   ◀ ❚❚ ▶   🔽

Kein gewöhnlicher Krieg

Denn wir kämpfen nicht gegen Menschen, sondern gegen
Mächte und Gewalten des Bösen, die über diese gottlose Welt
herrschen und im Unsichtbaren ihr unheilvolles Wesen
treiben.

| Epheser | 6,12 |

Schalom!
>Geht es dir manchmal so, dass du abends völlig
zerschlagen ins Bett fällst? Fast so, als hättest du
gerade eine Schlacht hinter dir? Das sollte dich nicht
weiter wundern, denn genauso ist es auch. Nur ist es
kein gewöhnlicher Krieg mit gewöhnlichen Waffen.
Es ist ein geistlicher Krieg. Die Waffen sind
unsichtbar, und dein Feind ist auch unsichtbar. Er
benutzt Worte, um dich zum Aufgeben zu bringen. Er
benutzt Gedanken, um dir einzureden, dass du
wertlos bist. >:-(
Vielleicht sagst du jetzt: «Moment mal, jetzt komm
mir nicht mit diesem Gruselkram! Die Geschichte mit
Teufel, Schwefel und Bimsstein kaufe ich dir nicht
ab.» Aber ich sage dir: «Ich möchte, dass du mich
ernst nimmst und meine Waffen benutzt, um diesen
Krieg zu führen.» Meine Waffen sind: das Wort der
Wahrheit, das Evangelium des Friedens, das Gebet
und der Glaube an meinen Sohn. Und es ist wichtig,
dass du Folgendes bedenkst, wenn du jeden Tag
hinausziehst: Es ist *meine* Schlacht, und der Sieg ist
bereits errungen! Vertrau mir.
Ich bin der Feldherr,
>Gott

Du bist kein Papierpüppchen

Passt euch nicht dieser Welt an, sondern ändert euch,
indem ihr euch von Gott völlig neu ausrichten lasst. Nur dann
könnt ihr beurteilen, was Gottes Wille ist, was gut und
vollkommen ist und was ihm gefällt.

| Römer | 12,2 |

Friede mit dir!
>Manche Leute hätten es am liebsten, wenn du wie
ein Papierpüppchen in einer Kette aus lauter
gleichen Papierpüppchen wärst, die aus einem
zusammengefalteten Blatt ausgeschnitten wurden.
Sie wollen dich dazu bringen, dieselben zahmen,
harmlosen, unoriginellen Gedanken zu denken wie
alle anderen auch. Wenn sie sich durchsetzen
könnten, wärst du in deiner Kleidung, deinen
Freundschaften, deinen Hobbys und allen deinen
Aktivitäten allen anderen so ähnlich wie nur
möglich. Vielleicht kennst du Leute, die ihr Leben so
führen – die sich verzweifelt bemühen, sich in allem
nach dem auszurichten, was die Welt für wichtig und
richtig hält. Vielleicht hast du das sogar selbst schon
versucht. :-(Es ist Zeit, damit aufzuhören, der Welt
alles nachmachen zu wollen. Von nun an lass mich
dein Leben verändern und dein Denken erneuern. Ich
möchte mit meinen Gedanken, die ganz anders sind
als die der Welt, in dein Leben hineinleuchten, damit
du meinen Willen erkennst und dich in die
unglaublich aufregende Zukunft stürzen kannst, die
ich für dich vorbereitet habe. :-)
Der, der dich verändern kann und will, >Gott

Schalte mein Programm ein

Ihr wisst doch, dass es Zeit ist, aus aller Gleichgültigkeit aufzuwachen. Unserer endgültigen Erlösung sind wir jetzt näher als zu Beginn unseres Glaubens ... Deshalb wollen wir uns von den finsteren Taten der Nacht trennen und uns stattdessen mit den Waffen des Lichts rüsten.

| Römer | 13,11–12 |

Ich dachte, ich meld mich wieder!
>Dein Leben muss manchmal ziemlich anstrengend sein. An manchen Tagen hast du bestimmt das Gefühl, als ob du in einem Zimmer wohnst, in dem auf unzähligen Bildschirmen zur selben Zeit tausend Videospiele, Computer- und Fernsehprogramme parallel laufen. Sicher ist die Versuchung groß, sich auf alles gleichzeitig zu konzentrieren. Aber wenn du das tust, kann es leicht passieren, dass dein Verstand in Streik tritt. Er hat schlichtweg nicht genügend Arbeitsspeicher. ;-)
Unter all den verschiedenen Bildschirmen in diesem Zimmer, das du dein Leben nennst, ist aber nur einer, der die totale, lebensverändernde, ewig feststehende Wahrheit zeigt. Das ist der Fernseher, in dem *mein* Programm gezeigt wird. Es ist der Bildschirm, der mein Herz zeigt, das versucht, Kontakt zu dem deinen aufzunehmen. Also, lass dich von all den anderen Programmen nicht so verwirren und so ablenken, dass du mich und meine Sendung noch verpasst. Wach auf. Schalte an. Logge dich ein. Ich sende rund um die Uhr,
>Gott

Nimm dir Zeit für den Frieden

Unser Herr, von dem aller Friede kommt, schenke euch seinen Frieden immer und überall. Er sei mit euch allen!

2. Thessalonicher	3,16

Na, wie ist dein Tag?
>Wenn du auf der Suche nach irgendeiner tollen Sportausrüstung wärst, dann würdest du dir wahrscheinlich jemanden suchen, der eine Menge von deiner Sportart und der Ausrüstung dafür versteht und sie zu günstigen Preisen verkauft. Habe ich Recht?
Nun, wenn du mehr Frieden in deinem Leben haben möchtest – wenn du weniger gestresst, dafür aber ruhiger und zuversichtlicher werden willst –, dann gibt es jemanden, mit dem ich dich in Kontakt bringen möchte. Sein Name ist Jesus. Er ist mein Sohn, und er weiß alles über Frieden und Ruhe und Zuversicht. Er ist nicht nur der Herr des Friedens. Er ist selbst der Friede. Wenn du dich mit Jesus anfreundest und Zeit mit ihm verbringst, garantiere ich dir, dass du eine Menge Stress in deinem Leben loswirst. :-)
Wenn du mit Jesus redest und auf ihn hörst, wird er mehr Frieden in dein Leben hineinbringen, als du es für möglich hältst. Nimm dir Zeit für den, der selbst der Friede ist.
Der Vater von Jesus,
>Gott

♡ ✝   ◀ ❚❚ ▶   🔽

Wer durchhält und den Sieg erringt, wird dies alles besitzen.
Ich werde sein Gott sein, und er wird mein Kind sein.

| Offenbarung | 21,7 |

Ich bin's mal wieder!
>Bei der Olympiade von 1992 fiel mitten im
400-Meter-Lauf ein britischer Läufer namens Derek
Redmond wegen eines Muskelrisses voll auf die Nase.
Was für ein Jammer! In diesem Moment wusste er,
dass sein jahrelanges Training und sein Traum von
der Goldmedaille dahin waren. :,-(
Was tat Derek also? Hat er sich hingesetzt und
geheult? Hat er wütend um sich geschlagen und den
anderen Läufern die Schuld gegeben? Nein. So
schmerzhaft es auch war, Derek kämpfte sich vom
Boden hoch und begann auf seinem unverletzten
Bein die Bahn entlangzuhüpfen! :-o Jim Redmond,
Dereks Vater, sprang von der Tribüne herunter, legte
die Arme um seinen Sohn und half ihm Schritt für
Schritt Richtung Ziellinie. :-) Derek Redmond hat
sich so verhalten, wie ich es mir auch von dir
wünsche. Derek hat nicht aufgegeben. Nein, er ist
drangeblieben. Dein Rennen wird nicht leicht, aber
ich werde bis zum Ende bei dir sein.
Ich trage dich, ich unterstütze dich,
>Gott

Allerdings genügt es nicht, seine Botschaft nur anzuhören; ihr müsst auch danach handeln. Alles andere ist Selbstbetrug!

| Jakobus | 1,22 |

Hallo, ich denke an dich!
>Zwischen Wissen und Tun klafft eine riesige Lücke. Mag sein, dass du einen Stadtplan von New York hast, aber das heißt noch lange nicht, dass du schon mal dort gewesen bist. Vielleicht hast du das Rezept für Großtante Klaras köstliche Hühnerpastete, aber deswegen steht sie heute Abend noch lange nicht auf dem Tisch. ;-) Klar, du weißt, wie lang und breit ein Fußballfeld normalerweise ist und verpasst kein Spiel im Fernsehen, aber das macht dich noch nicht zu einem Mittelstürmer. :-)
Was wirklich zählt, ist jemand, der bereit ist, die Ärmel hochzukrempeln und das, was er über mich und mein Reich weiß, in die Tat umzusetzen. Jesus war jemand, der handelte. Er ist nicht einfach auf der Erde aufgetaucht und hat das eine gesagt und dann das andere getan. Nein, er kam, um zu zeigen, wie sich ein Mensch nach meinem Herzen verhält. Ich möchte, dass du so handelst, wie Jesus es tat. Schließ die Lücke zwischen dem, was du weißt, und dem, was du tust.
Dein Handeln steht groß vor mir,
>Gott

Achtet alle Menschen, und liebt eure Brüder und Schwestern!
Habt Ehrfurcht vor Gott, und bringt dem Kaiser den schuldigen
Respekt entgegen.

| 1. Petrus | 2,17 |

Schalom!
>Schon als du in diese Welt hineingeboren wurdest,
hattest du bestimmte Titel. Du wurdest als Baby
geboren, aber du warst auch von Anfang an ein
Bürger, ein Nachbar und außerdem sogar eine
Steuervergünstigung. ;-) Als du größer wurdest,
kamen weitere Titel hinzu: Schüler, Teenager,
Mitglied, Freund. :-o
Vielleicht überrascht es dich, wenn ich dir sage, dass
einer deiner wichtigsten Titel ganz einfach «Mensch»
lautet. Als Person bist du jeder anderen Person
Respekt schuldig, denn alle Menschen sind nach
meinem Bild geschaffen. Ein weiterer wichtiger Titel,
den du trägst, ist «Bürger». Als Bürger schuldest du
Polizisten, Lehrern und auch den Leuten von der
Müllabfuhr Respekt, denn sie alle tun einen
öffentlichen Dienst, um dir zu helfen. Auch den
politischen Führern deines Landes schuldest du
Respekt, egal, ob sie ihre Arbeit gut oder schlecht
machen. (Vergiss nicht, für sie zu beten.) Und
schließlich schuldest du als «mein Kind» auch mir
Respekt. Ich möchte, dass du deinen Titeln gerecht
wirst. Sei für andere ein Beispiel!
Meinen Respekt hast du ja schon!
>Gott

Schau mal, wer da kommt

Als er sich dem Stadttor näherte, kam ihm ein Trauerzug entgegen. Der Verstorbene war der einzige Sohn einer Witwe ... Als Jesus, der Herr, sie sah, war er von ihrem Leid tief bewegt. «Weine nicht!», tröstete er sie.

> Lukas
> 7,12–13

Friede sei mit dir!
>Kannst du dir diese Szene vorstellen? Ein großer Trauerzug kommt die Straße entlang, einige Männer mit dem Sarg eines toten Jungen auf den Schultern. Alle tragen Schwarz und weinen. Da kommen ihnen Jesus und seine Freunde entgegen. Sie unterhalten sich, sie diskutieren, sie gestikulieren. Plötzlich treffen diese beiden Gruppen aufeinander. :-o
Und was sagt Jesus? «Oh, es tut mir so leid. Wir sollten lieber auch weinen»? Nein, er sagt zu der Mutter des toten Kindes: «Weine nicht.» Weine nicht? Ihr einziger Sohn war gerade gestorben! Was fällt diesem wildfremden Menschen ein, ihr zu sagen, dass sie nicht weinen soll? Aber dann gibt Jesus ihr einen guten Grund, nicht mehr zu weinen. An Ort und Stelle, mitten auf der Straße, erweckt er ihren Sohn wieder zum Leben! Plötzlich herrscht irgendwie Partystimmung, nicht nur bei den Freunden von Jesus, sondern auch bei der ganzen Trauerschar. Mein Sohn hat es an sich, dass er Schlimmes im Handumdrehen in Gutes verwandeln kann. Bist du gerade traurig? Weine nicht. Hier kommt Jesus!
In Jesus siehst du mich, den Vater!
>Gott

Achtet also genau darauf, wie ihr lebt: nicht wie unwissende, sondern wie weise Menschen. Dient Gott, solange ihr es noch könnt, denn wir leben in einer schlimmen Zeit.

| Epheser | 5,15–16 |

Die Gemeinschaft mit dir ist mir wichtig!
>Ich hätte für dich ein Leben ohne schwere Entscheidungen und ohne Sackgassen planen können. Ich hätte deinen Weg genau vorzeichnen können wie den eines Flugzeuges, das auf Autopilot geschaltet ist, und dich vom Tag deiner Geburt bis zum Tor des Himmels ohne jegliche Schlingen und Stolpersteine bringen können. Doch stattdessen habe ich dir ein Leben voller Möglichkeiten, Entscheidungen und Chancen gegeben. Und mehr noch, ich habe dich mitten in eine Generation hineingesetzt, die voller Schwierigkeiten und Verzweiflung steckt. Junge Leute in deinem Alter sind mehr lebensbedrohlichen Problemen und Versuchungen ausgesetzt als je zuvor – na ja, dafür ist jetzt auch die Lebenserwartung viel höher geworden. ;-) Warum ich so viel Verantwortung in deine Hände gelegt habe? Weil ich glaube, dass du damit fertig wirst. Ich glaube, mit meinem Sohn an deiner Seite und meinem Geist in dir kannst du in deiner Welt etwas bewirken. Also vertrau mir! Mach dich auf den Weg! Nutze jede Gelegenheit, so gut es nur geht.
Der, der an dich glaubt, >Gott

Ich will meinem Volk helfen, sich nie mehr von mir abzuwenden!
Von Herzen gern begegne ich ihnen wieder mit Liebe und bin
nicht länger zornig auf sie.

| Hosea | 14,5 |

Hi, ich bin's!
>Kennst du Leute, die mich hassen, die nicht an mich
glauben oder die sich über meine Kinder und meine
Gemeinde lustig machen? Was empfindest du
gegenüber solchen Leuten? Bist du sauer auf
sie? >:-(Würdest du ihnen gern den Kopf waschen
und mit ihnen streiten? Möchtest du ihnen sagen:
«Gott ist nicht so, wie ihr denkt»?
Tja, was meinst du, wie ich gegenüber Leuten
empfinde, die mich hassen, die nichts von mir wissen
wollen oder über mich lachen? Ich liebe sie.
Überrascht dich das? Ich liebe sie, auch wenn sie auf
Abwegen sind und innere Wunden mit sich
herumschleppen. Ein verletzter Hund knurrt jeden an
– sogar den Tierarzt, der ihm helfen will. Lass dich
von diesen knurrenden Hunden nicht verscheuchen.
Sie brauchen dringend Liebe. Liebst du mich? Dann
liebe diese Menschen für mich. Bete für sie.
Vielleicht ändern sie ja ihre Meinung über mich. Ich
kann sie heilen, und ich kann sie retten.
Ich kenne ihre Wunden und ihre Nöte,
>Gott

Wenn wir am Abend noch weinen und traurig sind, so können wir am Morgen doch vor Freude wieder jubeln.

| Psalm | 30,6 |

Hast du gerade etwas Zeit für mich?
>Wenn einer dir sagt: «Christen haben keine Probleme. Bei denen ist alles eitel Sonnenschein und Sahneschlecken!», dann ist diese Person entweder ein Lügner oder total auf dem Holzweg. Traurigkeit wird es in deinem Leben bestimmt immer wieder geben. :-(Manchmal kann sie dich sogar näher zu mir bringen. :-) Darum bitte mich um Hilfe, wenn du das nächste Mal traurig bist und den Blues hast. Komm zu mir und lass dich von mir trösten. Ich habe dich auch dann lieb, wenn du am Versinken bist. Und ich werde nicht zulassen, dass du für immer traurig bleibst. Das Leben hat nun einmal seine Höhen und Tiefen. Aber das Wichtigste für dich ist, dass du in meiner Nähe bleibst. Wenn dir etwas Schlimmes passiert, bedeutet das nicht, dass ich aufgehört habe, dich zu lieben. Ich werde niemals aufhören, dich zu lieben. Hab keine Angst. Ich bin bei dir, auch und gerade dann, wenn du traurig bist.
Dein Tröster, :-)
>Gott

Ich will euch ein anderes Herz und einen neuen Geist geben.
Ich nehme das versteinerte Herz aus eurer Brust und gebe euch
ein lebendiges Herz. Mit meinem Geist erfülle ich euch, damit ihr
nach meinen Weisungen lebt, meine Gebote achtet und sie
befolgt.

| Hesekiel | 36,26–27 |

Schalom, da bin ich wieder!
>Einer der größten Durchbrüche in der medizinischen
Forschung wurde erzielt, als Ärzte lernten, Herzen zu
verpflanzen. Sie entdeckten eine Methode, um ein
altes oder krankes Herz, das seinen Träger kaum noch
am Leben erhalten konnte, herauszunehmen und
durch ein neues, gesundes Herz zu ersetzen, das dem
Patienten eine neue Lebenschance gibt. (Ich hab's
zwar nicht besonders gerne, wenn gewisse Ärzte sich
aufspielen und meinen, sie seien Halbgötter ...) :-o
Meine Herztransplantationen sind geistlicher Art.
Ich gebe meinen Patienten niemals ein neues Herz,
ohne ihnen nicht auch gleich einen neuen Geist zu
verabreichen. Ich greife in das Leben jedes Menschen
ein, der mich anruft, und ersetze sein versteinertes,
sündiges Herz durch ein Herz wie mein eigenes – ein
Herz, durch das all meine Liebe und all meine
Barmherzigkeit pulsieren. Außerdem gebe ich diesem
Menschen einen neuen Geist: meinen Heiligen Geist.
Mit meinem Geist in deinem Leben hast du
buchstäblich die Kraft, so zu leben, wie ich lebe. Was
für eine Operation! :-)
Ich bin der Spezialist für versteinerte Herzen,
>Gott

... dich allein habe ich vom Ende der Erde herbeigeholt. Von weither habe ich dich gerufen und zu dir gesagt: «Du sollst mir dienen!» Dich habe ich erwählt und nicht verstoßen.

| Jesaja | 41,9 |

Friede sei mit dir!
>Vielleicht erinnerst du dich noch an den Tag, an dem du zum ersten Mal meinen Namen angerufen hast. Vielleicht stecktest du in der Klemme und fandest, es sei höchste Zeit, ein SOS-Signal zum Himmel zu schicken. Aber weißt du, in Wirklichkeit ist es nicht ganz so abgelaufen, wie du denkst. Du warst nicht der Erste, der gerufen hat. Ich rufe dich schon, seit ich dich erschaffen habe. Die ganze Zeit über habe ich mir gewünscht, dass du eines meiner Kinder wirst – ein Mitglied meiner Familie. :-o
Du merkst es vielleicht nicht, aber du liest dieses Buch hier jetzt nur deshalb, weil du irgendwo in deinem Herzen eine sanfte, leise Stimme gehört hast, die dich gedrängt hat, dich auf die Suche nach mir zu machen. Über all das Geräuschewirrwarr der MP3-Player und Fernsehsendungen hinweg habe ich dich gerufen. Ganz nahe bei deinem Herzen habe ich geflüstert: «Ich liebe dich. Ich habe dich auserwählt. Willst du mir dein Leben geben?» Jetzt, wo du mich gehört hast, wie ist deine Antwort?
Die sanfte, leise Stimme,
>Gott

Ein Bote kam und meldete dem König:
«Ein riesiges Heer zieht von der Ostseite des Toten Meeres von
Edom her gegen uns heran ...» Diese Nachricht jagte Joschafat
Angst ein. Er wandte sich an den Herrn um Hilfe ...

| 2. Chronik | 20,2–3 |

Du hast wieder Post!
>Was kannst du von einem König lernen, der vor
Tausenden von Jahren gelebt hat? Eine Menge!
Joschafat, der König des alten Juda, hatte etwas
begriffen, was auch du begreifen solltest. Die Lage
war folgende: Ein Bote kommt vor Joschafats Thron
gerannt und ruft ihm die Nachricht zu, dass die
übermächtige Armee Edoms unterwegs ist, um Juda
anzugreifen. Die erste Reaktion Joschafats ist ganz
natürlich: Er gerät in Panik! Aber er braucht nur
einen Moment, um sich wieder in den Griff zu kriegen
und seinen Blick auf mich zu richten. Joschafat
wusste eben, wo er Hilfe finden würde, und er verlor
keine Zeit. :-o
Was ich damit sagen will? Es ist völlig okay, wenn du
dich mal fürchtest. Jeder hat ab und zu die Hosen
voll. Aber bleib nicht in der Furcht stecken. Verlier
keine Zeit, sondern bete! Ich stehe schon bereit, um
dir zu helfen, wann immer du mich brauchst.
Der, der auf deiner Seite ist, :-)
>Gott

Im Leben eines Menschen wird es hell, wenn er anfängt, dein Wort zu verstehen. Wer bisher gedankenlos durchs Leben ging, der wird jetzt klug.

| Psalm | 119,130 |

Wie geht es dir?
>Nicht jeder kann Weltraumforscher sein. Nicht jeder kann Philosoph sein. Nicht jeder kann ein großer Erfinder sein. Aber jeder kann die Bibel lesen. Wenn du die Bibel liest, dann entfaltet sie sich, wie du einen Zettel auseinander faltest. Wenn du einen Zettel öffnest, den deine Freundin dir in die Hand gedrückt hat, siehst du zuerst eine Ecke von dem Geschriebenen, dann die Hälfte, und schließlich siehst du dann die ganze Nachricht. :-o
Wenn du am Anfang nicht gleich alles in der Bibel verstehst, macht das überhaupt nichts. Lerne etwas aus den Dingen, die du verstehst, und lies dann einfach weiter. Bitte mich, dass ich dir erkläre, was du gelesen hast. Allmählich wird die Bibel sich entfalten, und dir wird ein Licht aufgehen. Du wirst sagen: «Ach, jetzt kapier ich das!», und dann wird dein Leben an diesem Punkt nie mehr so sein wie vorher. Du bist vielleicht kein Weltraumforscher, aber weise kannst du trotzdem werden. :-) Lies einfach beständig in meinem Buch.
Bei mir ist Weisheit in Fülle,
>Gott

Wehe dem, der seinen Schöpfer anklagt! Er ist doch in Gottes
Augen nicht mehr als ein Tonkrug unter anderen. Fragt denn ein
Tonklumpen den Töpfer: «Was tust du da mit mir?» Oder macht er
sich lustig und sagt: «Mein Meister hat zwei linke Hände!»?

Jesaja | 45,9

Ich bin's mal wieder!
>Wie würdest du es finden, wenn du ein schönes Bild
malst, und auf einmal springt es von der Staffelei und
mosert dich an, weil du rot statt lila genommen hast?
Und wie würdest du es finden, wenn du eine
wunderschöne Schale auf der Töpferscheibe formst
und sie anfängt, mit dir herumzustreiten, wieso du
sie so machst und nicht anders? Ich weiß, das hört
sich albern an. Bilder und Gefäße meckern nicht
herum. Aber lies weiter. Ich will auf etwas ganz
Bestimmtes hinaus. ;-)
Weißt du, ich bin gerade dabei, dich in die letzte
Phase deiner Entwicklung zu bringen. Ich weiß
genau, was ich tue. Wenn du nun wegen deiner
Größe, deiner Haarfarbe, deinem musikalischen
Talent oder deiner sportlichen Begabung
herummoserst, beleidigst du damit mich, deinen
Schöpfer. Ich erschaffe dich für meine eigenen
Zwecke. Ich weiß genau, wie ich dich gebrauchen
möchte. Und das wird gut sein. Vertrau mir! :-)
Der Künstler, der dein Leben formt,
>Gott

Worte verraten das Herz

Wenn ein guter Mensch spricht, zeigt sich, was an Gutem in ihm ist. Ein Mensch mit einem bösen Herzen ist innerlich voller Gift, und alle merken es, wenn er redet.

Matthäus	12,35

Hallo! Ich schreibe dir immer gern!
>Hast du schon mal Cluedo gespielt? Bei diesem Spiel musst du ein Geheimnis aufklären, indem du eine Reihe von Hinweisen sammelst. So wie in diesem Spiel kannst du übrigens auch das Geheimnis aufklären, was sich im Herzen eines Menschen befindet, indem du auf bestimmte Hinweise achtest. Zum Beispiel, indem du aufmerksam zuhörst, welche Worte aus dem Mund eines Menschen kommen. Das ist ein ziemlich guter Hinweis auf das, was sich in seinem Inneren befindet. :-o
Leute, die ständig nörgeln, tratschen und über andere herziehen, haben eine Menge Müll in ihrem Herzen. Leute, die auch an schlimmen Situationen noch etwas Gutes entdecken, die dankbar und witzig sind und gerne andere ermutigen, haben Gutes in ihrem Herzen. An Apfelbäumen wachsen keine Stachelbeeren und an Weinstöcken keine Avocados. An den Früchten, die an einem Baum wachsen, kannst du erkennen, was für ein Baum es ist. :-o
Deine Worte sind die Früchte deines Lebens. Lass mich dir meine Worte geben.
In deinem Garten bin ich Gärtner,
>Gott

Seht doch, wie groß die Liebe ist, die der Vater uns schenkt!
Denn wir dürfen uns nicht nur seine Kinder nennen, sondern wir
sind es wirklich.

> 1. Johannes   3,1

Du hast wieder Post!
>Der beste Ehren-Titel, den man haben kann, ist
«Kind Gottes». Ein Kind Gottes zu sein bedeutet
doch, dass der Schöpfer aller Dinge dein Vater ist. Da
ich der König des Universums bin, gehören meine
Kinder also auch zur königlichen Familie. Meine
Kinder genießen meine Gunst, meinen Schutz und
meine Liebe. :-)
Wenn du mein Kind bist, heißt das, dass du meinen
Namen trägst. Ich vertraue dir Aufgaben an, die
niemand sonst für mich erledigen darf. Du darfst
Menschen von mir erzählen. Du darfst auf eine
besondere Mission gehen, um meine Liebe an die
dunklen Orte dieser Welt zu tragen. Vor allem aber
kannst du, wenn du mein Kind bist, jederzeit mit mir
reden, und ich werde dir zuhören. Ich bin nicht so
ein Vater, der die ganze Zeit weg ist. Meine
Hauptaufgabe ist es, dich großzuziehen. Kann sein,
dass du mal berühmt wirst; vielleicht wirst du sogar
Bundespräsident oder TV-Moderatorin. Aber auch
dann ist dein wichtigster Titel immer noch «Kind
Gottes». :-)
Dein Vater,
>Gott

Halt dich an das, was du weißt

Gott ist unsere Zuflucht und Stärke, ein bewährter Helfer in Zeiten der Not. Darum fürchten wir uns nicht, selbst wenn die Erde erbebt, wenn die Berge wanken und in den Tiefen des Meeres versinken, wenn die Wogen tosen und schäumen und die Berge erschüttert werden.

| Psalm | 46,2–4 |

Friede sei mit dir!
>Schon immer hat es Leute gegeben, die das Gerücht verbreitet haben, der Himmel würde herunterfallen oder nächsten Donnerstag würde die Welt untergehen. Als jemand Jesus fragte, wann denn das Ende der Zeit kommen würde, machte er deutlich, dass niemand außer mir weiß, wann es kommt. :-o Warum also solltest du dich jetzt von Dingen herunterziehen lassen, die du nicht wissen kannst? Mir wäre es viel lieber, wenn du dich an das halten würdest, was du weißt – nämlich dass ich deine Zuflucht und deine Stärke bin, deine Quelle der Hilfe, wenn Probleme kommen. Die Angst kann dich nicht zu Fall bringen, wenn du dir meiner sicher bist. Sollen doch die Berge einstürzen! Sollen die Meere wüten! Sollen die Hügel erzittern und schwanken! Ich bin größer als sie, und ich bin es, der dich beschützt. Also hör nicht auf die Panikmacher, sondern höre auf dies: Ich bin dein Papa, und ich werde damit fertig! :-)
Deine Zuflucht für und für,
>Gott

Herr, deine Gebote sind wunderbar, deshalb befolge ich sie gern ...
Lass mich erleben, wie gut du es mit mir meinst, und zeige mir,
was ich nach deinem Willen tun soll!

(Psalm) (119,129 und 135)

Na, wie ist dein Tag?
>Sind alle Regeln gleich? Wenn jemand sich
irgendeine alberne Regel ausdenken würde, die du
befolgen musst, um in eine Clique aufgenommen zu
werden – welche würde dir dann besser gefallen:
nach jeder Mahlzeit ein Eis essen oder jeden Tag eine
Stunde lang in der Zimmerecke Kopfstand machen?
Falls du keine Allergie gegen Eiskrem hast, gefällt dir
die erste Regel vermutlich besser. Das mag weit
hergeholt scheinen, aber in der Welt gibt es
haufenweise Regeln, die genauso blödsinnig sind.
Eine Regel sagt zum Beispiel, dass Frauen immer fünf
Schritte hinter ihren Männern gehen sollen. Nach
einer anderen Regel müssen Leute beim Beten immer
in eine bestimmte Himmelsrichtung gucken. Von mir
stammen diese Regeln aber nicht; du brauchst dir
also deswegen keinen Kopf zu machen. ;-) Meine
Regeln sind alle gut. Wenn du ihnen gehorchst, wird
das große Auswirkungen in deinem Leben haben.
Meine wichtigste Regel sagt, dass du Gott (mich)
lieben sollst. Meine zweitbeste Regel ist, dass du
andere Menschen lieben sollst. Wenn du diesen
Regeln gehorchst, wird dein Leben super laufen. Und
keine Sorge, ich helfe dir sogar, dich daran zu halten.
>Gott

 ♡ ✝ ◀ ❚❚ ▶ 🔽

Eure Liebe soll aufrichtig sein. Und wie ihr das Böse hassen müsst,
sollt ihr das Gute lieben.

| Römer | 12,9 |

Wieder mal 'ne Mail von mir!
>Darf ein Christ hassen? Nun, die Bibel sagt, dass man das Böse hassen MUSS! Es gibt bestimmte Dinge, die du hassen solltest. Den Teufel beispielsweise. Oder Ungerechtigkeit. Das Böse solltest du hassen. Menschen zu hassen ist niemals richtig, aber es ist völlig in Ordnung, das Böse zu hassen, das sie tun. Mit anderen Worten, du sollst nicht Saddam Hussein oder einen anderen Diktator hassen – aber sehr wohl das Böse, das er getan hat. >:-(Natürlich ist der Hass nur die halbe Miete. Du sollst auch das Gute lieben. Du sollst es lieben, wenn jemand das Richtige tut. Oder wenn jemand zu einem Jungen nett ist, den alle anderen für einen totalen Spinner halten. Lieben sollst du es auch, wenn jemand ein schönes Bild malt oder ein tolles Lied singt. Wenn du das Gute liebst, fängst du auch selbst an, Gutes zu tun. Wenn du das Böse hasst, fängst du an, dieses Böse mit Gutem zu überwinden. Ich hasse das Böse. Ich liebe das Gute. Mach es bitte wie ich. :-)
Der Geber aller guten Dinge,
>Gott

Da rief Petrus: «Herr, wenn du es wirklich bist, lass mich auf dem Wasser zu dir kommen.» «Komm her!», antwortete Jesus. Petrus stieg aus dem Boot und ging Jesus auf dem Wasser entgegen.

| Matthäus | 14,28–29 |

Hallo, hast du etwas Zeit?
>Einmal wollte Jesus einige Zeit allein im Gebet verbringen, und deshalb schickte er seine Freunde in einem Boot voraus über den See Genezareth. Als es dunkel wurde, fing der Wind an zu heulen und die Wellen türmten sich hoch auf. Plötzlich sahen sie Jesus auf dem Wasser auf ihr Boot zugehen. Sie kriegten alle eine mächtige Gänsehaut, weil sie ihn für ein Gespenst hielten! Aber er rief ihnen zu: «Keine Angst, Jungs. Ich bin's bloß.» Da sagte Petrus, forsch wie er war: «Wenn du es bist, lass mich zu dir kommen.» Und Jesus sagte: «Komm her.» So fand Petrus heraus, wie es sich anfühlt, übers Wasser zu gehen. Und dann kam, was kommen musste: Er fing an zu sinken, als er den Blick von Jesus abwandte und auf die heftigen Wellen und den Sturm schaute. :-(
Darin steckt eine Lektion für dich. Lass dich nicht von den heftigen Winden deines Lebens irremachen. Halte den Blick auf Jesus gerichtet, und er wird dich aufrecht halten! :-)
Sein und dein Vater,
>Gott

Seid also zu jeder Zeit bereit, denn der Menschensohn wird gerade dann kommen, wenn ihr am wenigsten damit rechnet.

Lukas	12,40

Schalom!
>Hat schon mal jemand an deinem Geburtstag eine Überraschungsparty für dich organisiert? Du kamst nach Hause und wolltest dir eigentlich nur ein Brot mit Schoko-Aufstrich schmieren, bei ein bisschen Musik entspannen und hinterher die Hausaufgaben machen. Und plötzlich war alles voller Lichter, Luftballons und bunter Girlanden, es gab eine Geburtstagstorte, und all deine besten Freunde riefen lachend: «Überraschung!» ;-)
Weißt du was? Wenn Jesus wiederkommt, wird das auch eine Überraschungsparty. :-) Ich weiß, wie und wann sie stattfindet, aber du wirst keine Ahnung haben. Jesus taucht ja immer da auf, wo man ihn nicht erwartet, und schon gar nicht so, wie man ihn erwartet. (Denk zum Beispiel mal an die Krippe, an das Kreuz und an das leere Grab.) Darum musst du für seine Rückkehr bereit sein. Jeder Tag der Woche könnte der große Tag sein! Und ich will auf keinen Fall, dass du dieses Fest verpasst!
Ich werde der Gastgeber sein,
>Gott

Kleiner Glaube, große Folgen

Wenn euer Glaube nur so groß wäre wie ein Senfkorn,
könntet ihr zu diesem Berg sagen: «Rücke von hier dorthin!»,
und es würde geschehen. Nichts wäre euch unmöglich!

Matthäus	17,20

Friede sei mit dir!
>Man ist leicht in Versuchung, sich die starken
Gestalten der Bibel anzuschauen und zu sagen: «Ich
könnte nie wie Mose oder David oder Maria sein.»
Aber ich will dir etwas sagen, was dich vielleicht
überraschen wird. Am Anfang hatte jeder von ihnen
nur eine einzige Sache, die für ihn sprach:
Glauben. :-o
Mose sagte mir, er könne nicht gut genug reden, um
für mich dem Pharao entgegenzutreten. Ich sagte:
«Mose, vertrau mir.» Das tat er, und er wurde zum
Befreier meines Volkes. David war nur ein Junge mit
einer Steinschleuder, der sich einem wütenden
Riesen entgegenstellte. Aber David glaubte daran,
dass ich bei ihm war, und so konnte er Goliath
besiegen. Maria war im Grunde nur ein Teenager, aber
weil sie den Worten eines Engels glaubte, wurde sie
die Mutter von Jesus. :-o Meine größten Taten
begannen mit einem ganz kleinen Anfang. Meine
stärksten Nachfolger sind die, die mir Glauben
schenken, und sei er nur so groß wie ein Senfkorn. :-)
Der, der gern mit kleinen Dingen arbeitet,
>Gott

Und Henoch wandelte mit Gott ... Und weil er mit Gott wandelte,
nahm ihn Gott hinweg und er ward nicht mehr gesehen.

((Luther 1999) 1. Mose)   (5,22 und 24)

Ich hab da einen Gedanken für dich:
>Wenn ich mir eine Sache für dein Leben wünschen
könnte, was wäre das wohl? Die Antwort besteht aus
fünf Worten: Dass du mich kennen lernst. Nicht nur,
dass du Dinge über mich weißt, sondern dass du mich
richtig kennst. :-o
Bei Henoch war das so. Er kannte mich. Er wandelte
mit mir. Was ich damit meine? Henoch lernte, mir auf
Schritt und Tritt zu folgen. Er kannte mich so gut,
dass er genau wusste, wann ich einen Zahn zulegen
und eine Sache anpacken wollte und wann ich
vorhatte, es ruhiger angehen zu lassen und eine
Weile innezuhalten. Er glich das Tempo seiner
Schritte dem Tempo meiner Schritte an. Er kannte
jeden Stein und jedes Schlagloch auf den Wegen, die
ich ging. Die Art, wie er mich kannte, hatte nichts
mit Reli-Unterricht oder Sonntagsschule zu tun. Er
erlebte meine Gegenwart im Alltag, in den ganz
gewöhnlichen Situationen seines Lebens. Ich
möchte, dass du mit mir wandelst, wie Henoch es tat.
Bist du bereit? :-)
Dein Freund und «Pacemaker»,
>Gott

Wohne in meiner Liebe

Wie mich der Vater liebt, so liebe ich euch. Bleibt in meiner Liebe!
Wenn ihr nach meinen Geboten lebt, wird meine Liebe euch
umschließen. Auch ich richte mich nach den Geboten meines
Vaters und lebe in seiner Liebe.

| Johannes | 15,9–10 |

Na, bist du heute gut drauf?
>Meine Liebe zu dir ist wie das Zuhause, von dem du
schon immer geträumt hast, nach dem du dich
gesehnt hast und in dem du immer bleiben willst.
Jedes Zimmer ist üppig ausgestattet: dicke Teppiche,
bequeme Sessel und eine großartige Aussicht aus
jedem Fenster. Schon wenn du zur Tür hereinkommst,
machst du vor Staunen große Augen. Irgendetwas ist
so vertraut hier. Es ist, als wärst du schon einmal hier
gewesen, und jetzt könntest du endlich für immer
bleiben! :-) Woher kommt wohl dieses Gefühl? Nun,
der Grund ist, dass du dazu geschaffen wurdest, für
alle Zeit in meiner Liebe zu wohnen und dich an
meiner Freundschaft zu erfreuen. :-o
Wie du das schaffen kannst? Indem du so lebst, wie
ich es für dich vorgesehen habe. Jesus hat auch so
gelebt. Er richtete sich rund um die Uhr nach meinen
vollkommenen Geboten für sein Leben. Darum
konnte er auch rund um die Uhr innerhalb der Wände
meiner vollkommenen Liebe wohnen. Und du kannst
das auch. :-)
Dein Architekt, Baumeister und Gastgeber,
>Gott

Meine lieben Brüder und Schwestern, bleibt fest und unerschütterlich in eurem Glauben! Setzt euch mit aller Kraft für den Herrn ein, denn ihr wisst: Nichts ist vergeblich, was ihr für ihn tut.

| 1. Korinther | 15,58 |

Ich hab da eine Bitte an dich:
>Wenn du etwas für mich tust, dann möchte ich, dass du dich voll reinhängst. Wenn ich dir sage: «Geh ins Altersheim und hör den alten Leuten dort zu», dann sitz nicht nur da und verdreh die Augen, um dann nach fünf Minuten wieder zu verschwinden. Sei aufmerksam, sei positiv und lass dich wirklich auf die Leute ein. Ich habe dir gesagt, dass du deinen Eltern gehorchen sollst, also sag nicht nur: «Ja ja, Papa, schon gut», sondern sag: «Ja, Papa, mache ich.» Und dann tu rasch, was er dir aufgetragen hat. ;-)
Wenn du Christ bist, beobachten dich die Leute ziemlich genau bei der Arbeit. Sie wollen wissen, ob an dir etwas anders ist. Wirst du auch immer nur herummosern, wenn's ums Arbeiten geht, wie so viele andere es tun? Wirst du das Brett an der dünnsten Stelle durchbohren und deinen Job eher halbherzig machen? Nein, bitte arbeite hart und gib dein Bestes. Denn du sollst bei der Arbeit MICH widerspiegeln. :-)
Ich mache auch nichts Halbherziges,
>Gott

Achte auf deine Gedanken und Gefühle, denn sie beeinflussen
dein ganzes Leben!

| Sprüche | 4,23 |

Schalom!
>Ich möchte dir gern eine Geschichte erzählen. Es
war einmal ein Mädchen, das trank jeden Tag aus
einer sprudelnden Quelle. Da das Quellwasser sehr
rein war, wuchs das Mädchen gesund und stark heran.
Doch eines Tages, als es gerade spielen gegangen
war, kam sein Feind und tat ein paar Tropfen Gift in
die Quelle. :,-(Mehr war nicht nötig. Da das Mädchen
nichts von dem Gift wusste, trank es weiter jeden Tag
von dem Wasser und fing allmählich an, sich immer
kränker und trauriger zu fühlen. :-(
Verstehst du, was ich damit sagen will? Die Quelle ist
dein Herz, in dem deine Gedanken und Gefühle sind.
Der Teufel ist dein Feind, der dein Herz mit seinen
kleinen und großen Lügen vergiften will. Aber wenn
du mir vertraust, werde ich meine Wahrheit in dein
Herz ausgießen und all die Lügen des Teufels
hinwegspülen. Und ich werde dir helfen, eine Mauer
rund um die Quelle zu errichten, um dein Herz zu
schützen. :-)
Der Wächter bei Tag und bei Nacht,
>Gott

Ich habe Großes mit dir vor!

Gott hat etwas aus uns gemacht. Wir sind sein Werk,
durch Jesus Christus neu geschaffen, um Gutes zu tun.
Damit erfüllen wir nur, was Gott schon im Voraus für uns
vorbereitet hat.

| Epheser | 2,10 |

Friede mit dir!
>Ich erschaffe nicht einfach Leute, um sie dann
isoliert mitten ins Leben zu setzen und zu sagen:
«So, jetzt mach was aus dir!» Ich habe einen Plan für
jedes Menschenleben, auch für deines.
Wahrscheinlich hast du nicht von Anfang an nach
meinem Plan gefragt. Die meisten Leute tun das
nicht. Vielleicht bist du sogar gerade mitten dabei,
deine eigenen Pläne auszuprobieren. Und vielleicht
läuft das ja nicht so gut. Vielleicht bist du damit
sogar auf die Nase gefallen und hast gemerkt, wie es
sich anfühlt, wenn man Schiffbruch erleidet. Das
macht nichts. Manchmal muss so etwas erst mal
passieren, bevor jemand anfängt, mich zu
suchen. :-o
Aber eines sollst du wissen: Der erste Schritt, um
meinen Plan für dich zu entdecken, besteht darin,
dass du Jesus als deinen Retter annimmst und ihm
vertraust. Dann wirst du herausfinden, was für ein
tolles Gefühl es ist, das zu tun, wozu du geschaffen
bist – nämlich deine Gaben einzusetzen, indem du
mit mir gemeinsam anderen hilfst.
Der Planer und der Plan, :-)
>Gott

Für euch aber, die ihr mir die Treue gehalten habt, wird an jenem Tag die Rettung kommen, wie am Morgen die Sonne aufgeht. Ihr werdet endlich Hilfe finden und vor Freude springen wie Kälber, die aus dem Stall hinaus auf die Weide dürfen!

| Maleachi | 3,20 |

Hallo, du hast eine E-Mail!
>Hast du schon einmal auf einem Bauernhof miterlebt, wie die Kälber aus dem Stall gelassen wurden? Wenn ja, dann weißt du ungefähr, wie totale Freude aussieht! Sie stürmen hüpfend hinaus auf die Weide und tollen herum wie eine Schar kleiner Kinder in der Schulpause. Diese Art Freude und Freiheit sollst auch du innerlich verspüren. Diese Freude und Freiheit halte ich für all meine Kinder bereit, die mich kennen und meinen Namen preisen. :-)
Wenn du meine Vergebung zu spüren bekommst und die ersten Schritte in deinem neuen Leben mit mir machst, wird meine Gegenwart in deinem Herzen aufgehen wie die Sonne an einem dunklen Tag, die die Schatten vertreibt und den Nebel auflöst. Wenn du traurig bist, wirst du getröstet, und deine Wunden werden geheilt. Deine Ängste werden dir genommen, und deine Schwäche werde ich mit meiner Stärke füllen. :-o Vertrau mir.
Ich bin der Vater der Freude,
>Gott

Ein kostbares Geschenk

Denn alles, was Gott geschaffen hat, ist gut;
und nichts ist schlecht, für das wir Gott danken.
Durch das Wort Gottes und das Gebet wird alles rein;
nichts kann uns da von Gott trennen.

| 1. Timotheus | 4,4–5 |

Wie geht es dir heute?
>Die ersten jüdischen Christen mussten erst einmal lernen, in der Freiheit zu leben, die Jesus ihnen gebracht hatte. Als Juden hatten sie sich an die strengen jüdischen Speisegesetze gehalten, doch als Nachfolger Jesu durften sie lernen, dass jede Speise gut ist, wenn sie mit Dank genossen wird. Wie ist das bei dir – befolgst du auch irgendwelche strengen Ernährungsregeln? Zählst du mit, wie viele Kalorien und Gramm Fett du zu dir nimmst, und fühlst dich schuldig, wenn du etwas «Sündiges» isst, das nicht auf deinem Diätplan steht? Vielleicht leidest du sogar an Magersucht oder Bulimie.
Ich möchte, dass du von nun an nicht mehr so lebst. Dazu liebe ich dich viel zu sehr. Dein Körper ist ein kostbarer Schatz, den du in Ehren halten solltest. Nahrung ist ein Geschenk, an dem du Freude haben kannst. Lass dich von mir aus deinem Gefängnis der Ernährungsregeln befreien. Lerne von mir, mit Dank und ohne Furcht zu essen. Bei mir ist solche Freiheit möglich. :-)
Der, der dir Leben und Nahrung gibt,
>Gott

Bitte nicht stolpern!

Großen Frieden haben, die dein Gesetz lieben;
sie werden nicht straucheln.

(Luther 1999) Psalm   119,165

Hi, ich bin's!
>Wenn du wandern gehst, ziehst du dann lieber derbe Wanderstiefel oder glatte Sonntagsschuhe an? Blöde Frage, hm? Mit den Wanderstiefeln kommst du durch jedes Gelände. Wenn du mal im Wasser landest, kein Problem – gute Stiefel sind wasserdicht. Wenn du auf eine dicke Wurzel trittst, macht das nichts – Stiefel federn den Aufprall ab. Wenn du dagegen mit deinen schicken Sonntagsschuhen wandern gehst, liegst du höchstwahrscheinlich dauernd auf der Nase. ;-)
Mein Wort ist wie ein paar Wanderstiefel. Halte dich an mein Wort und gehorche ihm, und du bist gut gerüstet, um durchs Leben zu wandern. Du brauchst dir nie Gedanken darüber zu machen, ob du mir vielleicht gerade ungehorsam bist. Denn du weißt ja, was ich will, und du tust es auch. Und deshalb kannst du treten, wohin du willst. Leute, die auf mein Wort pfeifen, rutschen und stolpern unsicher durchs Leben, wissen nie genau, ob sie falsch oder richtig gehen, und müssen sich ständig fragen, ob ich sauer auf sie bin. Glaub mir, die ganze Reise wird viel angenehmer, wenn du die Stiefel meines Wortes anziehst. >Gott

♡ †   ◄ ‖ ►   🔽

Wie der Vater, so der Sohn

Wer mich gesehen hat, der hat auch den Vater gesehen ...
Glaubt mir doch, dass der Vater und ich eins sind.

Johannes	14,9 und 11

Meine Gedanken sind gerade bei dir!
>Hast du schon mal einen Vater und einen Sohn, die sich sehr ähnlich sehen, beim Essen in einem Restaurant beobachtet? Der Sohn sieht aus wie eine jüngere Version seines Vaters. Sogar ihre Stimmen klingen ähnlich. Sie haben dieselbe Mimik. Vielleicht halten sie sogar ihre Gabeln auf dieselbe Art. :-o
Ich möchte, dass du weißt, wie ich bin. Und die beste Möglichkeit, mich kennen zu lernen, ist, meinen Sohn Jesus kennen zu lernen. Er ist genau wie ich. Ich habe ihn geschickt, um dir zu zeigen, wie ich bin. Als er auf der Erde war, tat er genau das, wozu ich ihn aufgefordert hatte. Er sagte genau das, was ich ihm aufgetragen hatte. Lies seine Worte. Die meisten davon findest du in den Evangelien (Matthäus, Markus, Lukas und Johannes). Wenn du tust, was Jesus gesagt hat (und er hat ein paar ziemlich radikale Sachen gesagt), dann tust du genau das, was ich will. :-)
Der Vater von Jesus – und auch dein Vater,
>Gott

Hört nie auf, zu bitten und zu beten! Gottes Geist wird euch dabei leiten. Bleibt wach und bereit. Bittet Gott inständig für alle Christen.

| Epheser | 6,18 |

Schalom!
>Wenn ich dir sage, dass du die ganze Zeit beten sollst, meine ich damit nicht, dass du den ganzen Tag auf den Knien liegen oder herumlaufen und dabei pausenlos vor dich hin murmeln sollst. Das sähe wohl ziemlich albern aus, und wahrscheinlich hättest du schon bald die Nase voll vom Gebet. :-(
Lass mich erklären, was «Beten ohne Unterlass» bedeutet. In deinem Kopf herrscht sowieso niemals Stille. Da gehen ständig alle möglichen Gedanken hindurch, zum Beispiel: «Oh-oh, sieht nach Regen aus. Und ich habe keinen, der mich vom Training nach Hause fährt.» Versuch doch mal, stattdessen zu beten: «Herr, es fängt an zu schütten. Wie komme ich jetzt bloß nach Hause?» Dann sage ich vielleicht: «Frag doch mal Peter, ob er dich mitnimmt.» Auf diese Weise findest du vielleicht sogar einen neuen Freund! :-) Ja, Gebet ist ein ganz einfaches Gespräch zwischen dir und mir. Es bedeutet, dass wir beide reden und beide einander zuhören.
Gerne dein Gebetspartner,
>Gott

Herr, du gibst Frieden dem,
der sich fest an dich hält und dir allein vertraut!

| Jesaja | 26,3 |

Hast du ein wenig Zeit?
>Jedes Mal, wenn du deine Gedanken von deinen Sorgen abwendest und auf mich lenkst, zahlst du Frieden auf deine geistliche Bank ein. Jedes Mal, wenn du deine Energie dazu nutzt, mir zu vertrauen, statt sie fürs Grübeln zu vergeuden, vermehrst du dein Friedensguthaben auf deinem geistlichen Bankkonto. Wenn du voller Vertrauen an mich denkst, erinnerst du dich automatisch daran, dass ich das Ruder in der Hand halte. Was auch immer dir zu schaffen macht, ich bin mächtiger. Was auch immer dir Sorgen macht, meine Liebe ist größer. :-) Mit der Zeit wirst du eine Menge vertrauensvoller Gedanken ansparen. Sie werden Zinsen tragen und sich vermehren. Schon bald wirst du einen Riesenschatz des Friedens haben, aus dem du schöpfen und von dem du zehren kannst, wenn es in deinem Leben stressig wird. Darum denke oft an mich und vertrau mir. Ich werde dich nicht enttäuschen.
Der, der dir Frieden gibt,
>Gott

Ich denke anders als du

Wie groß ist doch Gott! Wie unendlich sein Reichtum, seine
Weisheit, wie tief seine Gedanken! Wie unbegreiflich für uns seine
Entscheidungen und seine Pläne! Denn «wer könnte jemals
Gottes Absichten erkennen? Wer könnte ihn beraten?»
[Zitat aus Jesaja 40,13]

| Römer | 11,33–34 |

Hallo, du!
>Manchmal schaust du dich um, was in der Welt so
los ist, und möchtest am liebsten sagen: «Gott, was
hast du eigentlich vor? Das ergibt doch alles keinen
Sinn!» Sei nicht überrascht, wenn es dir so geht. Du
bist nicht dafür gemacht, mich ganz und gar und in
allem zu verstehen. :-o
Weißt du, ich denke anders als du. Es ist sogar völlig
unmöglich, dass du mir hinter die Stirn schaust und
meine göttlichen Gedanken verstehst. Deswegen
wäre es auch falsch, wenn du versuchen würdest,
alles zu durchschauen und mir Ratschläge zu
erteilen. Du hast nicht das Zeug dazu, mein Ratgeber
zu sein. Das Beste, was du tun kannst, ist, meinen
Charakter kennen zu lernen – dir bewusst zu machen,
dass ich ein guter und treuer Vater bin, der dich nie
im Stich lassen wird. :-)
Vertrau mir in jeder Situation, in die ich dich führe,
und du wirst merken, dass du dabei mehr Frieden
haben kannst, als du je für möglich gehalten hättest.
Der absolut Höchste,
>Gott

Harre des Herrn!
Sei getrost und unverzagt und harre des Herrn!

(Luther 1999) Psalm   27,14

Na, wie läuft's?
>Du lebst in einer Welt, die alles «instant» haben will. Jetzt, plötzlich und sofort. Jeden Morgen rühren sich die Leute ihren Instant-Kaffee an. Mittags lassen sie sich im Drive-in das Essen durchs Autofenster reichen (und wenn es nicht schnell genug geht, dann kannst du sie dabei beobachten, wie sie hinter ihren Windschutzscheiben ungeduldig mit den Fingern auf dem Lenkrad herumtrommeln). Es gibt Instant-Reinigungen, Instant-Suppen, Instant-Ölwechsel, Instant-Pizza, Instant-Schnupfenmittel und sogar Instant-Häuser. Es ist nur noch eine Frage der Zeit, bis die Leute sich in der Drive-in-Kirche ihr Instant-Abendmahl abholen wollen! :-(
Aber ich bin kein Instant-Gott. Ich möchte, dass du lernst, geduldig zu sein. Du sollst getrost und unverzagt werden, indem du lernst, auf mich zu warten. Keine andere Übung stärkt die geistlichen Muskeln so sehr wie das Warten. ;-)
Der, auf den es sich zu warten lohnt,
>Gott

Achtet darauf, dass ihr ruhig und besonnen lebt.
Kümmert euch um eure eigenen Angelegenheiten, und sorgt
selbst für euren Lebensunterhalt, so wie wir es euch schon immer
aufgetragen haben. Auf diese Weise seid ihr von niemandem
abhängig ...

(1. Thessalonicher) (4,11–12)

Ich bin's mal wieder!
>Ich finde, du sollst alles haben, was du brauchst –
ein Zuhause, Essen und Kleidung. Ich will nicht, dass
du dir für die alltäglichen Notwendigkeiten Geld von
einer Kreditkartengesellschaft oder einer Bank leihen
musst. Wenn du dir Geld von jemandem leihst, bist
du von dieser Person abhängig. Wie kannst du
jemandem von der Bank sagen: «Gott liebt mich, und
er versorgt mich mit allem, was ich brauche», wenn
die dort ganz genau wissen, dass du ihnen 3000 Euro
schuldest? :-(
Wenn du dir ständig Geld leihst, machst du dich von
anderen abhängig. Ich möchte aber, dass du nur von
mir abhängig bist. Klar, im Moment bist du auch noch
von deinen Eltern abhängig; das ist auch okay so.
Aber wenn du erwachsen wirst, möchte ich dich
finanziell unabhängig von ihnen machen. Darum
arbeite jetzt schon hart, und kümmere dich um deine
eigenen Angelegenheiten. Das wird dir helfen, zu
einem verantwortungsbewussten Erwachsenen zu
werden, der nur von mir allein abhängig ist. :-)
Ich will dein Versorger sein,
>Gott

Ich aber vertraue darauf, dass ich am Leben bleibe und sehen
werde, wie gut Gott zu mir ist.

| Psalm | 27,13 |

Hallo, E-Mail für dich!
>Ist dir schon mal aufgefallen, dass manche Leute
eine totale Selbstsicherheit ausstrahlen? Wie kommt
man eigentlich zu echter Selbstsicherheit? Durch
Aussehen oder Intelligenz, durch Geld oder Kleidung
oder vielleicht durch Beliebtheit? Vielleicht
überrascht es dich, aber manche Leute, die nach
außen hin unglaublich selbstsicher wirken, sind
innerlich in Wirklichkeit völlig unsicher. :-o Ich weiß
das, weil ich ihre Gedanken lesen kann. Innerlich
denken sie immerzu: «Wie sie mich wohl findet?»
Oder: «Ob ich mit den Klamotten wohl dick
aussehe?» Oder: «Hoffentlich sage ich bloß nichts
Falsches!» :-o
Echte Selbstsicherheit kommt daher, dass du mich
kennst und weißt, dass ich dich bedingungslos liebe
und dich niemals im Stich lassen werde. Wenn dir
dieses Wissen in Fleisch und Blut übergegangen ist,
dann bist du stark, selbstsicher und unerschütterlich
wie ein Felsen. Glaub mir.
Ich mache deine Seele sicher, ;-)
>Gott

Der Glaube ist der tragende Grund für das, was man hofft:
Im Vertrauen zeigt sich jetzt schon, was man noch nicht sieht ...
[Mose] rechnete so fest mit Gott, als könnte er ihn sehen.
Deshalb gab er nicht auf.

(Hebräer)　　(11,1 und 27)

Schalom!
>Bergsteiger müssen alle möglichen Hindernisse
überwinden: wechselhafte und widrige
Wetterbedingungen, wunde Füße und Verletzungen,
immer dünnere Luft, je höher sie kommen, und die
schwere Ausrüstung, die sie mit nach oben schleppen
müssen. Bei jedem Aufstieg geraten sie unzählige
Male in Versuchung, einfach wieder umzukehren.
Aber echte, engagierte Bergsteiger haben gelernt,
das alles auszuhalten, weil sie im Kopf ein Bild von
ihrem Ziel haben: den Berggipfel. :-o
Auch du stehst jeden Tag vor Hindernissen, die dich
in Versuchung bringen, einfach aufzugeben. Aber
genau wie die Bergsteiger kannst du durchhalten,
indem du dich ganz auf Jesus konzentrierst. Und
wenn du dir mit den inneren Augen des Glaubens sein
liebevolles Gesicht vorstellst, bekommst du den Mut,
den du brauchst, um deinen Weg weiterzugehen.
Jesus ist der Gipfel deiner geistlichen Reise. :-)
Klettere weiter!
Ich bin Weg, Wahrheit und Leben,
>Gott

Beziehung statt Religion

Denn Gott hat nur an den Menschen Gefallen, die ihm fest
vertrauen. Ohne Glauben ist das unmöglich.
Wer nämlich zu Gott kommen will, muss darauf vertrauen,
dass es ihn gibt und dass er alle belohnen wird,
die ihn suchen.

| Hebräer | 11,6 |

Friede sei mit dir!
>Vielleicht überrascht es dich, aber ich habe mit
Religion – also mit Traditionen, Kirchengebäuden
und Buntglasfenstern – nicht besonders viel am Hut.
Darum geht es mir überhaupt nicht. Was ich will, ist
vielmehr, dass wir eine Beziehung, eine Freundschaft
zueinander haben, dass ich mit dir reden kann und du
mit mir reden kannst, jederzeit und über alles.
Vielleicht denkst du jetzt, hm, ziemlich schwierig,
mit jemandem zu reden, den man nicht einmal sehen
kann. Klar, weiß ich. Dazu brauchst du ja den
Glauben. ;-)
Glauben heißt, von etwas überzeugt zu sein, das du
nicht sehen kannst. Glaube zeigt sich früh am
Morgen, wenn du mit der Bibel auf dem Schoß dasitzt
und damit rechnest, dass ich dir dort begegnen
werde. Und wenn du dich hinsetzt und glaubst, dass
ich da sein werde, dann werde ich auch da sein! So
wird dein Glaube belohnt. Bitte, verpass das
aufregende Abenteuer des Glaubens nicht, das dich
erwartet, wenn du lernst, mir zu vertrauen.
Dein Freund, der auf dich wartet, :-)
>Gott

Die ganze Eingreiftruppe ist da

Weil ihr für mich betet und Jesus Christus mir durch seinen Geist beisteht, vertraue ich darauf, dass hier alles zum Besten für mich ausgehen wird.

> Philipper

> 1,19

Hallo, du!
>Wenn du richtig tief im Schlamassel steckst, umzingelt von Problemen, ist es manchmal schwer zu erkennen, dass es anders enden könnte als in einer totalen Katastrophe. Da kommt der Glaube ins Spiel. An mich glauben heißt: darauf vertrauen, dass ein schlagkräftiges Team sich mit deinen Problemen beschäftigt, wie unlösbar sie auch aussehen mögen. :-o
Mein Sohn Jesus, der Heilige Geist und ich sind jeden Tag rund um die Uhr in Bereitschaft. Wir machen nie Feierabend. Wir lieben dich und wissen, was für dich am besten ist. Außerdem kannst du ein paar deiner gläubigen Freunde bitten, für dich zu beten. Dann hast du Gottes Eingreiftruppe voll auf deiner Seite. Glaubst du das? Wenn ja, dann hast du allen Glauben, den du brauchst, und kannst froh und zufrieden sein, egal, was du gerade durchmachst. Es wird zum Besten für dich und zu meiner Ehre ausgehen. Ich bin hier, um dir zu helfen. :-)
Auf mich ist Verlass, :-)
>Gott

Weise und Verständige aus dem Volk
werden vielen den richtigen Weg zeigen.

| Daniel | 11,33 |

Na, wie geht es dir heute?
>Je mehr Zeit du mit mir verbringst, desto weiser
wirst du werden. Meine Weisheit führt dich zu
Lösungen für deine Probleme und hilft dir, gute
Entscheidungen zu treffen. Das ist ungefähr so, als
ob du im Nebel herumgeirrt bist – wenn du dann
anfängst, meinen Spuren zu folgen, verzieht sich der
Nebel und du kannst wieder klar sehen. :-o Warum ich
dir Weisheit, Einsicht und Verständnis gebe? Um dir
zu helfen, den richtigen Weg einzuschlagen? Na klar!
Das ist einer der Gründe. Aber das ist noch nicht
alles. Wenn ich eines meiner Kinder weise mache,
dann tue ich das auch, damit es denjenigen helfen
kann, die immer noch im Nebel herumlaufen. Wie du
helfen kannst? Jedenfalls nicht, indem du andere
herumkommandierst oder so tust, als hättest du die
Weisheit mit Löffeln gegessen. Aber indem du
anderen ein Freund bist, für sie betest und dir von
mir Möglichkeiten zeigen lässt, feinfühlig von
deinem Glauben zu erzählen. Vertrau mir. Ich werde
dich leiten. :-)
Der, der dir Weisheit gibt,
>Gott

Denke bei jedem Schritt an ihn;
er zeigt dir den richtigen Weg und krönt dein Handeln mit Erfolg.

| Sprüche | 3,6 |

Ich bin's mal wieder!
>Willst du ein Erfolgsgeheimnis wissen, das in jedem
Beruf funktioniert, egal, ob jemand Geschäftsmann,
Tänzerin, Taxifahrer oder Steuerberaterin ist? Es
funktioniert sogar bei Schülern! Wie das Geheimnis
lautet? Ganz einfach: Setz mich an die erste
Stelle. :-o
Dieser Trick funktioniert bei jedem, weil ich jeden
Menschen geschaffen habe. Ich habe jedem
Einzelnen Gaben und Fähigkeiten gegeben. Ich habe
jeden für eine bestimmte Arbeit ausgerüstet, und
wenn du dich an mich hältst, kann ich dich zum
Erfolg leiten. Manchmal tue ich das, indem ich dir
zeige, wie du effektiver arbeiten oder gründlicher
lernen kannst. Ein andermal tue ich es, indem ich dir
zeige, wie du mit einem bestimmten Lehrer oder
Trainer oder Chef auskommen kannst, den du nicht
magst. Und das nächste Mal öffnest du dich für die
Freiheit des Vertrauens oder die Freude am Lernen,
weil du bei jedem Schritt an mich denkst. Wag es
doch einfach: Setz mich an die erste Stelle. Du wirst
sehen, was dabei herauskommt. :-)
Ich will, dass dein Leben gelingt!
>Gott

♡ ✝   ◀ ❚❚ ▶   🔽

Gebet ist kein Theater

Wenn du beten willst, geh in dein Zimmer,
schließ die Tür hinter dir zu, und bete zu deinem Vater.
Und dein Vater, der auch das Verborgene sieht, wird dich dafür
belohnen.

Matthäus	6,6

Gerade dachte ich an dich!
>Ist dir schon mal aufgefallen, wie manche Leute
sich aufplustern, wenn sie Publikum haben? Manche
Leute tun das sogar in der Gemeinde, indem sie total
laut und lange beten, damit ja jeder merkt, wie
supergeistlich sie sind. Aber dann höre ich die ganze
Woche über kein Wort mehr von ihnen. :,-((Aber
nicht alle, die laut und lange beten, tun das
deswegen. Manche sind einfach so gestrickt.)
Wenn du zu mir beten willst, dann mach bitte kein
großes Tamtam. Auf Gebete, die eigentlich nur eitle,
selbstgefällige Reden sind, die vor andern Leuten
geschwungen werden, kann ich echt verzichten. Zieh
dich einfach irgendwohin zurück, wo keiner dich
hören kann, und fang an, mit mir zu reden. Wenn du
wirklich mit mir reden willst, brauchst du kein
Publikum dazu. Klar, du kannst und sollst auch mit
anderen Leuten beten, aber wenn das die einzige Art
von Gebet ist, die du jemals praktizierst, was ist das
dann für eine Beziehung, die wir beide miteinander
haben?
Du weißt: Ich bin da!
>Gott

Er wird dich behüten wie eine Henne, die ihre Küken unter die
Flügel nimmt. Seine Treue schützt dich wie ein starker Schild.

(Psalm) (91,4)

Himmel an Erde! Himmel an Erde!
>Bist du schon mal in ein richtig heftiges Gewitter
geraten? Innerhalb von Sekunden warst du
klatschnass, und überall krachte es nur so vor Blitz
und Donner. Da kann man es schon mal mit der Angst
zu tun bekommen! Vielleicht hast du auch schon mal
eine echte Unwetterkatastrophe erlebt, zum Beispiel
einen Hurrikan oder einen Tornado. Weißt du, dass
ich bei solchem Wetter viel mehr von den Leuten
höre als zu beinahe allen anderen Zeiten? ;-)
Ich mag es, wenn meine Kinder nach mir rufen. Ich
beantworte auch gern deine SOS-Gebete, weil das
eine Möglichkeit ist, um dir zu beweisen, dass ich
wirklich da bin. Wenn du in Schwierigkeiten bist und
zu mir rufst und ich dir antworte, dann stärkt das
deinen Glauben mächtig! Darum lass mich dich vor
allen möglichen Dingen behüten; nicht nur vor
schlechtem Wetter, sondern auch vor verletzten
Gefühlen, zerbrochenen Beziehungen und schlimmen
Umständen. Ich behüte und bewahre dich und nehme
dich unter meine Flügel. :-)
So gerne dein Beschützer,
>Gott

♡ † ◄ ❚❚ ► 🔽

Sei ehrlich zu mir

Hat der Herr uns für alle Zeiten verstoßen? Wird er nie wieder
freundlich zu uns sein? Ist seine Gnade für immer zu Ende?
Gelten seine Zusagen nicht mehr? Hat Gott vergessen, uns gnädig
zu sein? Warum verschließt er uns im Zorn sein Herz?

| Psalm | 77,8–10 |

Hallo, Post für dich!
>Selbst wenn du dich von mir verlassen fühlst, bin
ich trotzdem immer noch da. Sicher, manchmal musst
du durch harte Zeiten hindurch. Aber ich helfe dir
dabei, sie zu überwinden, und das wird dich stärker
machen. Manchmal bist du niedergeschlagen,
deprimiert oder total verwirrt. Aber ich bin immer bei
dir. Stell dir vor, bei einem Auto geht der Tacho
kaputt. Das Auto fährt noch, auch wenn der Tacho
eine glatte Null anzeigt. :-o
Vielleicht ist es bei uns beiden im Moment ja auch so.
Du weißt, dass ich da bin, aber du kannst mich nicht
spüren. :-(Versuch mal, aufs Armaturenbrett zu
hauen. Im Ernst, schrei nach mir. Es ist völlig okay,
wenn du mir sagst, wie du dich fühlst. Wenn du dir
verloren vorkommst, sag: «Gott, wo bist du?» Wenn
du verwirrt bist, sag ungeniert: «Gott, ich kapiere
überhaupt nichts mehr.» Ich will einfach, dass du
ehrlich zu mir bist. Ich bin hier. Ich werde dich
hören, und ich werde antworten. Halt durch.
Dein Retter,
>Gott

Glücklich sind die Barmherzigen, denn sie werden Barmherzigkeit erfahren.

> **Matthäus**   **5,7**

Schalom!
>Lässt deine Deutschlehrerin euch im Unterricht manchmal euren Aufsatz vorlesen, und hinterher dürfen alle was dazu sagen? Kann ja sein, dass es Spaß macht, sich dann über den Aufsatz eines Mitschülers lustig zu machen. Aber je fieser du zu den anderen bist, desto fieser werden sie dann auch zu dir sein, wenn du an der Reihe bist. :-(Darin steckt eine Lektion. Wenn du nachsichtig bist mit anderen, nachdem sie irgendwelchen Mist gebaut haben, dann werden sie wahrscheinlich auch mit dir ein Nachsehen haben, wenn du mal Mist baust. Wenn du von allen anderen verlangst, dass sie vollkommen sind, dann werden sie auch von dir verlangen, dass du vollkommen bist. Und der Clou ist folgender: Solange du nachsichtig bist mit anderen, wenn sie was in den Sand setzen, werde ich auch nachsichtig sein mit dir, wenn du was in den Sand setzt. Aber wenn du von allen erwartest, dass sie vollkommen sind, werde ich auch bei dir die Latte hoch legen. Ich möchte gern barmherzig mit dir sein, aber es ist wichtig, dass du es mit anderen auch bist.
Der, der dir gern vergibt, :-)
>Gott

Der Herr ist mein Licht, er rettet mich. Vor wem sollte ich mich noch fürchten? Bei ihm bin ich geborgen wie in einer Burg. Vor wem sollte ich noch zittern und zagen?

| Psalm | 27,1 |

Friede sei mit dir!
>Hattest du als kleines Kind immer Angst vor der Dunkelheit? Kam es dir so vor, als ob irgendwelche gruseligen Monster in den dunklen Ecken deines Zimmers lauerten, sobald das Licht ausgeschaltet wurde? Ja, und manchmal kann sich sogar die ganze Welt so anfühlen, wenn man in einer geistlichen Dunkelheit festsitzt. :-(
Dagegen kann ich etwas tun. Lass mich in die Zimmer deines Herzens kommen und das Licht meiner Liebe darin einschalten. Lass mich in jeden dunklen Winkel deines Lebens hineinleuchten und die Monster verscheuchen, mit denen du dich herumschlägst. Willst du endlich angstfrei und heil sein und ganz und gar mir gehören? Dann lass mich dir helfen, all das loszuwerden, was dich bisher zurückgehalten oder niedergedrückt hat – Sünden, Ängste, böse Erinnerungen aus der Vergangenheit oder das Grauen vor der Zukunft. Ich werde damit fertig. :-)
Für immer dein Licht,
>Gott

Kein abergläubisches SOS

Der Herr ist denen nahe, die zu ihm beten und es ehrlich meinen.
Er geht auf die Wünsche derer ein, die voll Ehrfurcht zu ihm
kommen. Er hört ihren Hilfeschrei und rettet sie.

| Psalm | 145,18–19 |

Hallo, du!
>Nie bin ich dir so nah wie in dem Augenblick, wo du zu mir betest und es ehrlich meinst. Aber was heißt das, «es ehrlich meinen»? Ehrlich meinst du es dann, wenn du im Glauben nach mir Ausschau hältst und zu mir betest. Wenn du nur so etwas wie ein abergläubisches SOS aussendest, so wie eine Flaschenpost oder einen Wunschpfennig in einem Brunnen, dann ist das nicht ehrlich. :-(
Mein Motor läuft schon, und ich bin startbereit, um mich für meine Kinder, die mich wirklich lieben und fürchten, stark zu machen. Das Wort «fürchten» darfst du dabei nicht falsch verstehen. Das bedeutet nicht, dass du vor Angst schlottern sollst (obwohl du das vielleicht tätest, wenn du wüsstest, wie groß ich wirklich bin!). Aber ich möchte, dass du Respekt vor demjenigen hast, mit dem du es hier zu tun hast. Ja, ich bin dein liebevoller Vater und Freund, aber ich bin auch der Herrscher des gesamten Universums! Also komm zu mir mit Glauben und Ehrfurcht. Vertrau mir, ich bin zur Stelle. :-)
Der Allmächtige,
>Gott

Glücklich sind, die Frieden stiften,
denn Gott wird sie seine Kinder nennen.

(Matthäus)   (5,9)

Na, gut geschlafen?

>Manchmal, wenn sich zwei Gruppen von Leuten über irgendetwas nicht einig werden können, ziehen sie einen Schlichter oder Friedensstifter zu Rate, der zwischen den beiden Gruppen vermittelt und ihnen hilft, Frieden zu schließen. Der Friedensstifter oder «Mediator» bespricht mit ihnen in aller Ruhe und Vernunft ihre unterschiedlichen Standpunkte. Wenn dieser Schlichter Erfolg hat, kommen die beiden Gruppen zu einer Einigung, das Problem ist gelöst, und beide Seiten profitieren davon. :-)

Ich möchte, dass du auch so ein Friedensstifter bist. Wenn du mit jemandem in Streit gerätst, ist es völlig okay, deine Meinung zu sagen. Aber dein Ziel sollte der Frieden sein. Es wird immer mal wieder jemanden geben, dessen Ansichten du nicht teilst, aber Meinungsverschiedenheiten müssen deswegen noch lange nicht zu Wutausbrüchen führen. Man muss ja nicht unbedingt persönlich werden. Ich möchte, dass du fair und vernünftig bist, auch im Streit. Dann bist du in diesem Punkt genau wie Jesus. :-)

Ich bin der Friedefürst,

>Gott

Willst du glücklich leben?

Glücklich ist, wer die Bewährungsproben besteht und im Glauben festbleibt. Gott wird ihn mit dem Siegeskranz, dem ewigen Leben, krönen. Das hat er allen versprochen, die ihn lieben.

Jakobus	1,12

Hi, ich bin's mal wieder!
>Vielleicht denkst du manchmal, die Leute, die den Versuchungen immer nachgeben, haben den meisten Spaß im Leben. Du siehst den Typen, der Drogen nimmt oder säuft, das Mädchen, das sich absichtlich erbricht, um superschlank zu sein, den Jungen, der gegenüber den Lehrern frech wird, und vielleicht jemanden, der mit allem und jedem ins Bett springt. Und du denkst, dass die wirklich glücklich sind. Aber die Rebellion, die du da siehst, ist ein sicheres Zeichen dafür, dass sie in Wirklichkeit viel eher todunglücklich sind. :,-(
Wenn so ein rebellischer Mensch Freude am Leben hätte, dann würde er sich nicht so anstrengen, alle Grenzen zu übertreten. Nein, es ist gerade die Person, die der Versuchung zum Unrecht NICHT nachgibt, die wirklich glücklich ist. So jemand fühlt sich innerlich gut, gefestigt und im Reinen mit mir. Möchtest du glücklich sein mit deinem Leben und mit dir selbst? Gib den Versuchungen nicht nach. Ich helfe dir dabei.
Ich bin deine Stärke, :-)
>Gott

♡ †   ◀ ▮▮ ▶   ⤓

Besser als Krafttraining

Ein breiter, mächtiger Strom belebt die Stadt Gottes, die Wohnung des Höchsten, den heiligen Ort. Gott ist in ihrer Mitte und beschützt sie schon früh am Morgen; nie wird sie zerstört.

| Psalm | 46,5–6 |

Na, sind wir Freunde?
>Das Reich Gottes ist überall dort, wo mein Heiliger Geist wohnt. Das bedeutet: Wenn du dich mir als deinem Gott und Jesus als deinem Retter anvertraut hast, dann ist das Reich Gottes in dir! Und geradewegs durch das Zentrum deines Seins fließt ein Strom – ein großartiger, mächtiger, glitzernder Strom des Lebens. Es ist ein Strom, der dich stark machen wird, wie dich alle Vitamine, alles Krafttraining und alle Marathonläufe der Welt nicht stark machen können. Es ist ein Strom, der geistliche Stärke durch deine ganze Persönlichkeit fließen lässt, um damit dein ganzes Wesen zu erfüllen. Mach dir also bewusst, wer du in mir bist und wer ich in dir bin. Dein Herz beherbergt meinen Geist, und ich bin der Strom des Lebens, der dich durchfließt. Lebe in dieser Wirklichkeit, dann kann dich nichts mehr umhauen! :-)
Ich bin der Unzerstörbare,
>Gott

Aber dennoch: Mitten im Leid triumphieren wir über alles durch die Verbindung mit Christus, der uns so geliebt hat.

| Römer | 8,37 |

Schalom!
>Während des Zweiten Weltkriegs war eine holländische Uhrmacherin namens Corrie ten Boom in den Konzentrationslagern der Nazis inhaftiert, weil sie Juden geholfen hatte, aus Holland zu fliehen. Dort musste sie den Verlust ihrer geliebten Angehörigen erleiden – ihres Vaters und ihrer Schwester Betsie. Sie wurde geschlagen und musste hungern. Mit kaum etwas bekleidet, war sie den härtesten Witterungsbedingungen ausgesetzt, und die Wachen demütigten sie auf grausame Weise. Und doch konnte sie aus ganzem Herzen in die Worte von Paulus einstimmen: «Mitten im Leid triumphieren wir über alles durch die Verbindung mit Christus, der uns so geliebt hat.»
Wahrscheinlich gab es für dich noch keine Notwendigkeit, die Wahrheit dieser Worte in diesem Maße auf die Probe zu stellen. Aber eines sollst du wissen. Egal, was du in deinem Leben durchmachen musst: Wenn du dich an mir festhältst, wirst du merken, dass diese Worte wahr sind. In meiner Liebe kannst du über alles triumphieren. :-)
Dein allgegenwärtiger Vater,
>Gott

Jedes Kind Gottes kann den Sieg erringen über alles, was sich in dieser Welt Gott widersetzt. Ja, unser Glaube hat diese Welt bereits besiegt.

| 1. Johannes | 5,4 |

Friede sei mit dir!
>Ich weiß, wenn du dich mit andern vergleichst, kann es dir leicht passieren, dass du dir klein und unbedeutend vorkommst. Vielleicht bist du mächtig beeindruckt von den Sonnyboys, die bei den Schulsprecherwahlen gewinnen, oder vielleicht auch von der Intelligenzkanone, die jedes Mal eine Eins schreibt, ohne auch nur dafür lernen zu müssen. Oder ist es vielleicht irgendein Supersportler, euer Klassenkasper oder ein Musikgenie, das du bewunderst? Kein Problem. Du kannst diese Leute ruhig bewundern, aber vergiss dabei nicht, dass du etwas hast, was sie noch brauchen. Wenn du mit mir lebst und mir vertraust, hast du genügend Macht zur Verfügung, um ein Leben zu verändern oder ein Herz zu heilen oder jemandem einen Grund zum Glauben zu geben – genug Macht, um den Sieg über alles zu erringen! Diese Macht ist der Glaube: der Glaube an mich und an meinen Sohn. Also nimm deinen Glauben jeden Tag hoch erhobenen Hauptes mit in die Schule, und liebe die anderen so, wie Jesus es tut.
Lass mich deine Stärke sein!
>Gott

Wie mich der Vater liebt, so liebe ich euch.
Bleibt in meiner Liebe!

| Johannes | 15,9 |

Hallo, du!
>Bleiben heißt: nicht weggehen. Wenn du im Auto bleibst, steigst du nicht aus und gehst nicht in den Supermarkt. Wenn du in einer Ehe bleibst, gehst du nicht fremd. Ich möchte, dass du in meiner Liebe bleibst. Manche Leute gehen in die Kirche und spüren meine Liebe, aber am nächsten Tag vergessen sie mich dann wieder und machen ihren Kram alleine. So kann man nicht in meiner Liebe bleiben. >:-(Deswegen brauchst du jetzt nicht den ganzen Tag über wie ein Roboter «Bleib in Gottes Liebe! Bleib in Gottes Liebe!» zu denken. Aber wenn du an mich denkst, dann bete im Stillen: «Ja, Herr, ich bin immer noch bei dir.» Wenn du in meiner Liebe bleibst, brauchst du dich niemals zu fragen: «Hat Gott mich heute lieb?» Ich habe dich immer lieb, jeden Tag. Ich möchte, dass du dich bei mir so geborgen und zu Hause fühlst, dass es dir nie in den Sinn kommt, wegzugehen und deinen eigenen Kram zu machen. Darum bleib in meiner Liebe. Da gehörst du hin. :-) Dein liebender Vater,
>Gott

♡ ✝   ◄ ❚❚ ►

Werft nun euer Vertrauen nicht weg! Es wird sich erfüllen, worauf
ihr hofft. Aber ihr müsst standhaft bleiben und tun,
was Gott von euch erwartet. Er wird euch alles geben,
was er zugesagt hat.

| Hebräer | 10,35–36 |

Na, wie ist die Lage?
>Du bist wie ein kleines Kind am Weihnachtsabend,
das gerade erst damit angefangen hat, seine
Geschenke auszupacken. Eines der wertvollsten
Geschenke unter dem Baum ist immer noch in Papier
gehüllt. Es ist das Geschenk des Vertrauens. Dieses
Geschenk hat nämlich nicht nur seinen eigenen Wert,
sondern es bringt noch einen zusätzlichen Bonus mit
sich. Ungefähr so wie bei einer Pizza mit einem
Gutschein auf der Schachtel, für den man noch ein
Erfrischungsgetränk bekommt, kannst du den
Gutschein auf deiner «Vertrauens-Schachtel» für das
Extra-Geschenk der Ausdauer einlösen. ;-)
Ausdauer ist das Geschenk, das dir hilft, weiter
voranzugehen, auch wenn der Weg beschwerlich
wird. Vertrau mir, wenn ich sage: Erst wenn du in
deinem geistlichen Leben vorangehst, kommst du an
die eigentlichen Sahnestücke heran! :-) Also fang an,
deine Geschenke auszupacken. Und wirf dein
Vertrauen nicht mit dem Geschenkpapier auf den
Müll! Du wirst es brauchen.
Der Geber aller Dinge,
>Gott

Und aus dem, was in der Heiligen Schrift vorausgesagt wurde, sollen wir lernen. Sie ermutigt und tröstet uns, damit wir unsere Hoffnung auf ihre Zusagen setzen und daran festhalten.

(Römer) (15,4)

Ich bin's mal wieder!
>Durchläuft dich auch immer so ein wohliger Schauer, wenn das «Sie haben Post!» aus deinen PC-Boxen erklingt oder wenn du liest: «Neue E-Mail (1)» oder so was in der Art? Wenn du denkst, dass eine E-Mail etwas Besonderes ist, dann überleg mal, was für ein Ereignis es erst in biblischen Zeiten war, wenn jemand einen Brief bekam. Briefe wurden mit primitiven Werkzeugen geschrieben und dann durch einen Boten per Schiff oder zu Pferd oder sogar zu Fuß überbracht. :-o
Die Bibel ist ein Brief, der vor langer Zeit geschrieben und durch Zeit und Raum hindurch von meinem Herzen an deines geschickt wurde. Mein Heiliger Geist hat die Verfasser der einzelnen Bücher dazu inspiriert, meine Botschaften an dich niederzuschreiben. Diese Botschaften enthalten Tipps, Gebote und Anleitungen, um dich zu ermutigen und dir zu helfen, trotz aller Hindernisse an deiner Hoffnung festzuhalten. Sie muntern dich auf und sagen dir: «Gib nicht auf. Ich liebe dich und werde dich immer lieben.» Also, lies deine Post!
Irgendwie auch dein Brieffreund, ;-)
>Gott

Dann will ich zum König gehen, obwohl ich damit gegen das Gesetz verstoße. Wenn ich umkomme, dann komme ich eben um!

| Esther | 4,16 |

Hast du noch etwas Zeit?
>Esther war eine schöne junge Jüdin, die zur Königin von Persien wurde. Doch ihr Mann, der König, wusste nicht, dass sie eine Jüdin war. Als Esther erfuhr, dass ein übler Bursche namens Haman Pläne schmiedete, um alle Juden im Land umbringen zu lassen, wusste sie, dass sie den König über dieses Komplott informieren musste. Aber es war bei Todesstrafe verboten, sich ohne ausdrückliche Aufforderung dem König zu nähern! Esther steckte also in der Klemme: Sollte sie Kopf und Kragen riskieren, um ihr Volk zu retten, oder sollte sie ihren eigenen Hals retten und ihre Leute umkommen lassen? Nun, Esther rettete ihr Volk, und ihr eigenes Leben wurde verschont. Du kannst diese Geschichte in der Bibel nachlesen. :-o
Wie Esther musst auch du im Leben manchmal wichtige Entscheidungen treffen – Entscheidungen, die riskant sein können. Komm zu mir, wenn du die Weisheit und den Mut brauchst, eine gute Entscheidung zu treffen.
Ich bin gerne dein Ratgeber,
>Gott

Dankt ihm, dem Herrn über alle Herren, seine Gnade hört niemals auf! Er vollbringt große Wunder, er allein.
Seine Gnade hört niemals auf! Mit Weisheit hat er den Himmel geschaffen, seine Gnade hört niemals auf!

(Psalm)   (136,3–5)

Schalom!
>Hast du schon mal einige Semesterarbeiten geschrieben? Hast du schon mal ein Fahrrad zusammengesetzt? Hast du je eine Rakete gebaut? Jeder, der genug Grips hat, um solche Sachen zu machen, verdient Respekt. So jemand muss ziemlich kreativ sein. Er muss auch fleißig sein. Und er muss eine Menge wissen. ;-)
Nun, hast du schon mal eine Welt erschaffen? Wohl kaum. Ich bin der Einzige im Universum, der weiß, wie man eine ganze Welt erschafft. Und ich habe die Welt nicht nur erschaffen, ich habe sie erfunden. Ich habe mir alle Vögel auf dem Globus ausgedacht und sie gemacht. Ich habe mir den Himmel und die Berge und die Strände ausgedacht, und dann habe ich sie gemacht. Danke mir dafür. Zeige mir Respekt. Keiner weiß so viel wie ich. Wenn das wahr ist (und es ist wahr!): Kannst du mir dann zutrauen, dass ich dir bei deinen Mathe-Hausaufgaben helfen kann? ;-) Ich denke schon, oder?
Der Schöpfer aller Dinge,
>Gott

Ebenso wichtig ist das andere Gebot:
«Liebe deinen Mitmenschen wie dich selbst!»

| Markus | 12,31 |

Na, wie geht's denn so?
>Es bricht mir das Herz, wenn du an anderen Leuten herummäkelst. Aber es bricht mir ganz genauso das Herz, wenn du dich selbst kritisierst und dich für jeden kleinen Fehler selbst fertigmachst und die Person verabscheust, die du im Spiegel siehst. :,-(
Ich bitte dich: Hör auf, dich selbst zu bekritteln, und fang an, dich selbst zu lieben! :-o
Weißt du, warum es so wichtig ist, dich selbst zu lieben? Nun, wenn du es nicht tust, wirst du auch nie lernen, andere zu lieben. Wenn du dich nur mit MEINEN Augen ansehen könntest! In meinen Augen bist du total spitze, unendlich wertvoll und voller Potenzial. :-) Ich freue mich über dich! Wenn du dich selbst je so zu Gesicht bekommen könntest, wie ich dich sehe, würdest du es nie wieder fertigbringen, dich selbst so niederzumachen. Dann würdest du auch anfangen, an dich zu glauben und dich zu lieben. Und dann kannst du diese Liebe zu anderen überfließen lassen.
Der, der die Liebe ist,
>Gott

Herr, du Gott Israels! Es gibt keinen Gott wie dich – weder im Himmel noch auf der Erde. Du hältst den Bund, den du mit deinem Volk geschlossen hast, und erweist allen deine Güte und Liebe, die dir von ganzem Herzen dienen.

(2. Chronik)   (6,14)

Hallo, du!
>Warum sind die Bilder von Vincent van Gogh so viel wert? Weil jedes davon ein Original ist. Van Gogh hat eben nur eine bestimmte Anzahl von Bildern gemalt, und dann ist er gestorben. Es wird nie wieder ein neues Gemälde von van Gogh geben. Es wird auch nie wieder einen Vincent van Gogh geben. :-o
Und nun überleg dir mal Folgendes: Wer hat eigentlich van Gogh «gemalt»? Wer hat diesen großen Künstler geschaffen? Ich war es. Man könnte sagen, ich bin so etwas wie ein Überschöpfer. Das bedeutet, ich erschaffe Dinge, die wiederum andere Dinge erschaffen. So kreativ bin ich. Ich bin das Original. :-) Ich war das erste Wesen von allen. Nichts existierte vor mir. Alles, was existiert, existiert nur meinetwegen. Wie kannst du mich also mit Gegenständen und Götzen und imaginären Göttern vergleichen? >:-(Nichts ist mit mir zu vergleichen. Ich halte den Bund in Liebe und Güte,
>Gott

Glücklich sind, die erkennen, wie arm sie vor Gott sind,
denn ihnen gehört die neue Welt Gottes.

| Matthäus | 5,3 |

Wie ist dein Tag?
>Warst du schon mal mit deinem Latein total am Ende? Hast du schon mal gebetet: «Gott, bitte hilf mir. Ich schaffe es nicht allein»? Dann hast du erkannt, wie arm du vor mir bist. Arm vor mir sein heißt, dass du mich verzweifelt brauchst und das auch genau weißt. In Wirklichkeit ist es nämlich so, dass JEDER mich verzweifelt braucht. Aber nicht jeder weiß das. :-o
Wenn dein Mofa, dein Roller oder dein Auto so gut wie keinen Sprit mehr hat und du das weißt, inwiefern ist das gut? Nun, es ist besser, als fast keinen Sprit mehr zu haben und es *nicht* zu wissen. Wenn du weißt, dass du es alleine nicht schaffst, bist du glücklich zu nennen, denn dann kannst du beten: «Gott, hilf mir!» Wer immer dieses Gebet spricht, wird meine Macht in Aktion erleben, und seine Umstände werden sich zum Besseren wenden. Bist du in deinem Leben verzweifelt auf mich angewiesen? Dann rufe zu mir und mach dich darauf gefasst, meine verändernde Macht zu erleben. :-)
Dein mächtiger König,
>Gott

Aber Jesus vertraute sich ihnen nicht an, weil er sie genau kannte.
Ihm brauchte niemand etwas über die Menschen zu sagen,
denn er wusste, was in jedem Menschen vor sich geht.

(Johannes)   (2,24–25)

Noch ein Gedanke für dich:
>Jesus hatte allen Grund, von den Menschen um sich
her völlig enttäuscht zu sein. Die Pharisäer waren
eifersüchtig auf seine Popularität. Die Römer
misstrauten seinem Einfluss. In seiner Heimatstadt
zollten ihm die Leute keinen Respekt. Auf seinen
Reisen folgten ihm manche Leute nur deshalb nach,
weil sie seine Wunder so cool fanden. Sogar seine
besten Freunde ließen ihn im Stich. Sie schworen, sie
würden ihn niemals verraten, aber als es hart auf hart
kam, verdrückten sie sich alle, und Jesus war ganz
allein. :,-(
Hat ihn das überrascht? Nicht im Mindesten. Er
kannte sich aus zwei Gründen ganz genau mit der
menschlichen Natur aus. Erstens war er selbst dreißig
Jahre lang ein Mensch und damit ein Angehöriger
dieser «Gattung». Der andere Grund ist, dass er bei
mir war, damals, als ich die Menschen und ihre
Entscheidungsfreiheit erschuf. Deine diversen
Fehlentscheidungen können ihn also niemals
überraschen. Er kennt dich so, wie du bist, und er
liebt dich trotzdem. Genau wie ich! :-)
Dein liebender Vater,
>Gott

♡ †   ◀ ‖ ▶   🔀

Herr, wer dich kennen lernt, der wird dir gern vertrauen.
Wer sich auf dich verlässt, der ist nie verlassen.

Psalm	9,11

Eine gute Nachricht für dich:
>Wolltest du schon mal zu einer Gruppe
dazugehören, aber die anderen haben dich nicht
hineingelassen? Oder stell dir vor, du hast dich um
eine Rolle in einer Schulaufführung beworben. Jeden
Abend hast du für das Vorspielen geprobt. Als es so
weit ist, gibst du dein Bestes und spielst, was Herz
und Seele hergeben. Doch dann sagt der Regie
führende Lehrer bloß: «Tut mir leid, nicht geeignet.
Der Nächste.» Das würde doch ziemlich wehtun,
oder? :,-(Danach hast du vielleicht nie wieder Lust,
bei einem Stück mitzuspielen.
Was mich betrifft: Ich werde dich nie ablehnen. Ich
bin nicht so wie dieser Regisseur. Meiner Meinung
nach bist du großartig. Ich habe jederzeit Lust, mit
dir zu reden. Du sollst Anteil haben an allem, was ich
tue. Ich möchte hören, wie es bei dir im Alltag läuft.
Ich möchte von deinen Hoffnungen und Träumen
hören. Wann immer du mit mir zusammen sein willst,
nehme ich mir Zeit für dich. Also keine Angst – ich
werde dich niemals zurückweisen. :-)
Ich hör dir gerne zu!
>Gott

Kennst du deinen Job?

Doch Johannes [der Täufer] erwiderte: «Kein Mensch kann auch
nur das Geringste tun, wenn es ihm nicht von Gott gegeben wird.
Ihr selbst könnt doch bezeugen, dass ich immer wieder gesagt
habe: ‹Ich bin nicht Christus, der von Gott gesandte Retter.
Ich soll ihn nur ankündigen, mehr nicht.›»

| Johannes | 3,27–28 |

Schalom!
>Johannes der Täufer war ein Cousin von Jesus. Er
kleidete sich in Tierfelle und ernährte sich von einer
ziemlich krassen Öko-Diät. Johannes war ein
ziemlich spezieller Typ, aber die Leute kamen
trotzdem in Scharen, um ihm zuzuhören. Er gehörte
zu den ganz wenigen, die wussten, dass Jesus der
Messias war. Und er hatte auch genau kapiert, was er
mit diesem Wissen machen sollte. Ich gebrauchte
seine Gabe, ehrlich und direkt zu reden, um die
Menschen aufzurufen, sich von ihren Sünden
abzukehren und sich dem Retter zuzuwenden. Die
Anhänger von Johannes wollten ihn eifersüchtig
machen auf Jesus, aber er dachte nicht mal im Traum
daran, in diese Falle zu tappen. Er wusste, dass es
nicht sein Job war, der Retter zu sein, sondern andere
auf den Retter hinzuweisen. :-o
Wärst du überrascht zu hören, dass jeder Mensch
dazu geschaffen ist, seine einzigartige Begabung
einzusetzen, um genau denselben Job zu machen wie
Johannes – nämlich andere auf Jesus hinzuweisen?
Das trifft auch auf dich zu! Lass dir von mir zeigen,
wie du das tun kannst.
Ich mag die speziellen Typen! >Gott

Die Herzenshaltung entscheidet

Es kommt die Zeit ... in der die Menschen den Vater überall anbeten werden, weil sie von seinem Geist und seiner Wahrheit erfüllt sind. Von diesen Menschen will der Vater angebetet werden. Denn Gott ist Geist. Und wer Gott anbeten will, muss von seinem Geist erfüllt sein und in seiner Wahrheit leben.

| Johannes | 4,23–24 |

Friede sei mit dir!
>Es gibt so viele verschiedene Arten von Kirchen: riesige, reich verzierte Stadtkirchen mit kunstvollen Glasmosaik-Fenstern ebenso wie kleine, schlichte Kapellen irgendwo an einer Landstraße. Es gibt Gemeinden, die sich in Zelten versammeln, und andere, die sich in Wohnungen treffen, so wie es die Leute in biblischer Zeit taten. :-o
Wenn du mich fragst, welche Art von Kirche ich am liebsten mag, dann muss ich dir sagen, dass für mich nicht das Gebäude die Gemeinde ausmacht, sondern die Leute und ihre Herzenshaltung. Wo sie mich anbeten, ist mir ziemlich egal. :-o *Wie* sie mich anbeten, das ist wichtig. Sind sie ganz auf meine Wahrheit ausgerichtet? Sind sie mit meinem Geist erfüllt? Sind sie demütig und dankbar und liebevoll? Das sind die Fragen, auf die es wirklich ankommt. Sei echt, wenn du mich anbetest. Bring mir dein aufrichtiges Herz.
Der, den du anbetest,
>Gott

Preise mich, solange du kannst

Wirst du an den Toten noch ein Wunder tun?
Kommen sie etwa aus ihren Gräbern, um dich zu loben?
Erzählt man im Totenreich von deiner Gnade, in der Gruft von
deiner Treue?

| Psalm | 88,11–12 |

Hallo, du!
>Über den Tod redet niemand gerne, aber jeder muss irgendwann sterben – da beißt die Maus keinen Faden ab. Mein Rat: Wenn du einen krisensicheren Job haben willst, werde Bestattungs-Unternehmer! Da wirst du immer reichlich zu tun haben. Die Leute sterben. Das ist nun einmal so auf der Erde. Und wenn du irgendwann tot bist, kannst du deinen Freunden nichts mehr von mir erzählen. Wenn sie einmal tot sind, können sie sich nicht mehr für mich entscheiden. Wenn man stirbt, ist die Zeit der Entscheidungen vorbei. :-(
Denke daran und preise mich, solange die anderen dich noch hören können. Sicher, du wirst mich auch im Himmel preisen, aber wer auf der Erde wird dich dann hören können? Liebe die Menschen, solange du kannst. Sei freundlich zu den Leuten, solange du kannst. Erzähle den Leuten von mir und meiner Liebe, solange du kannst. Glaub mir, sie werden froh sein, dass du nicht bis später gewartet hast.
Ich bin dein und ihr Heil,
>Gott

Mein Wille macht satt

Inzwischen hatten ihm seine Jünger zugeredet:
«Meister, iss doch etwas!» Aber er sagte zu ihnen:
«Ich habe eine Speise, von der ihr nichts wisst ... Ich lebe davon,
dass ich Gottes Willen erfülle und sein Werk zu Ende führe.
Dazu hat er mich in diese Welt gesandt.»

Johannes   4,31–32 und 34

Wie geht es dir heute?
>Es kann leicht passieren, dass man sich so sehr auf
die materiellen Dinge konzentriert, dass man die
geistlichen Dinge völlig übersieht. Geistliche Dinge
sind leicht zu übersehen, weil sie unsichtbar sind.
Und dennoch sind sie sehr wichtig. Warum? Weil ich
ein geistliches Wesen bin und du ebenso. Dein Geist
ist der wichtigste Teil von dir. :-o
Da die meisten Jünger Fischer waren, die es gewohnt
waren, mit materiellen, greifbaren Dingen wie
Netzen und Booten und Fischen zu arbeiten, hatten
sie oft Mühe zu kapieren, was Jesus ihnen geistlich
nahe zu bringen versuchte. Einmal, als sie ihn
drängten, etwas zu essen, waren sie völlig verwirrt,
als er ihnen sagte, seine Speise bestehe darin,
meinen Willen zu tun und mein Werk zu Ende zu
führen. :-o Hast du so eine Speise schon mal
probiert? Nichts auf der Welt wird deinen geistlichen
Hunger so gut stillen, wie wenn du meinen Willen
tust. Versuch es mal, es wird dir schmecken! ;-)
Der, der dich satt macht,
>Gott

Jesus war so echt wie du

Denn weil er selbst gelitten hat und denselben Versuchungen ausgesetzt war wie wir Menschen, kann er uns in allen Versuchungen helfen.

| Hebräer | 2,18 |

Hab gerade wieder an dich gedacht!
>Manche Leute stellen sich Jesus vor wie ein Marmorstandbild ohne Blut in den Adern, wie eine machtlose Figur an einem Holzkreuz oder wie einen Menschen, der so fernab der Wirklichkeit war, dass er nie aus seinem Glasmosaik-Fenster heraus- und ins wahre Leben hineinkam. Blödsinn! >:-(Jesus war ein Mensch aus Fleisch und Blut, so echt wie du. Er hatte Hunger und wurde müde; er feierte mit seinen Freunden und weinte, wenn er traurig war. Er war einmal ein Teenager genau wie du. Und was dich vielleicht wundern wird: Er war sogar in Versuchung, falsche Dinge zu tun. Ihm ist es auch schwer gefallen, Versuchungen zu widerstehen, genauso wie es auch dir schwer fällt. :-o
Weißt du, was das Gute daran ist? Du brauchst deine Versuchungen vor Jesus nicht zu verstecken. Er versteht dich. Und wenn du Kraft brauchst, um deinen Versuchungen zu widerstehen, kannst du zu ihm gehen. Er kann dir helfen, und das wird er auch tun. :-)
>Gott
P.S. Apropos Versuchung: Jesus hat widerstanden!

Willst du gesund werden?

Als Jesus ihn sah und erfuhr, dass er schon so lange an seiner Krankheit litt, fragte er ihn: «Willst du gesund werden?»

| Johannes | 5,6 |

Hallo, Königskind!
>Einmal begegnete Jesus einem Mann, der schon seit achtunddreißig Jahren krank war. Diesem Mann stellte er eine erstaunliche Frage: «Willst du gesund werden?» :-o Auf den ersten Blick eine komische Frage, oder? Wer will schon krank bleiben? Aber die Wahrheit ist, dass sich manche Leute an ihre Krankheit klammern. Vielleicht sind sie einfach so sehr daran gewöhnt, krank zu sein, dass sie gar nichts mehr daran ändern wollen. Vielleicht benutzen sie ihre Krankheit auch dazu, andere Leute zu manipulieren. Vielleicht sind sie gerne krank, weil sie dadurch so viel Aufmerksamkeit bekommen. Wenn du krank bist – wenn du zum Beispiel chronische Kopfschmerzen hast oder eine Essstörung, eine Sucht, was auch immer –, dann frag dich mal: «Will ich WIRKLICH gesund werden???» Ich hoffe, du antwortest mit Ja. Wenn es so ist, dann bete um meine heilende Kraft.
Ich bin gerne dein Heiler,
>Gott

Näher als das Telefon

Wir selbst können nichts ausrichten gegen dieses riesige Heer, das gegen uns heranzieht. Wir sehen keinen Ausweg mehr, doch wir vertrauen auf dich!

(2. Chronik)   (20,12)

Schalom!
>Ich weiß, das Leben kann manchmal ganz schön verwirrend sein. Wenn du nicht mehr ein und aus weißt, wäre es dann nicht praktisch, wenn es ein Video-Spiel namens «Easy Answers» (Leichte Antworten) für deine Konsole oder dein Handy gäbe? Du startest es einfach, und schon sagt es dir, was du tun sollst. Oder wie wär's, wenn jemand, der weise und erfahren ist, dir eine kostenlose 24-Stunden-Telefon-Hotline anbieten würde, so dass du dir jederzeit und für jede Situation Rat bei ihm holen könntest? ;-)
So einfach ist das Leben auf diesem Planeten natürlich nicht. Es ist manchmal ganz schön schwer. Aber mein Buch, die Bibel, steckt randvoll mit Antworten. Lies darin. Du wirst es sehen. Und mein Sohn Jesus ist dir auf dem Hindernisparcours des Lebens vorausgegangen. Halte den Blick auf ihn gerichtet, wenn du nicht weißt, was du tun sollst. Rede mit ihm, wann immer du ratlos bist. Du wirst merken, er ist dir noch näher als dein Smartphone oder deine PSP. Genau wie ich. :-)
Ich will diese Beziehung zu dir,
>Gott

♡ †   ◀ ‖ ▶   🔽

Fürchte dich nicht, denn ich bin bei dir; hab keine Angst,
denn ich bin dein Gott! Ich mache dich stark, ich helfe dir,
mit meiner siegreichen Hand beschütze ich dich!

| Jesaja | 41,10 |

Friede sei mit dir!
>Beim Sport ist es super, wenn man zu einer guten
Mannschaft gehört. Wenn du dann gegen einen
starken Gegner antreten musst, verbessern die
starken Mitspieler auf deiner Seite deine
Siegeschancen. Bei mir ist es genauso: Wenn du mir
dein Leben anvertraust, gehörst du zur stärksten
Mannschaft im Universum. Du trittst neben mir,
meinem Sohn und meinem Heiligen Geist auf dem
Spielfeld an, ganz zu schweigen von der
unermesslichen Schar der Engel und aller Heiligen,
die dir vorausgegangen sind! Vertrau mir, du bist auf
der Siegerseite! :-) Das ist keine Prahlerei – es ist
schlicht und ergreifend eine Tatsache. Deshalb gebe
ich dir heute folgenden Rat: Hab keine Angst und gib
niemals auf, wie übel die Situation auch aussehen
mag. Ich bin dein Gott. Ich bin hier, um dir zu helfen.
Ich bin hier, um dir den Rücken zu stärken, wenn du
am liebsten das Handtuch werfen und aufstecken
würdest. Los! Stürz dich ins Spiel. Und wenn es hart
wird, dann denk daran, dass ich auf deiner Seite bin!
Der, der dich stark macht, ;-)
>Gott

Unvorstellbar schön

Was kein Auge jemals sah, was kein Ohr jemals hörte und was sich
kein Mensch vorstellen kann, das hält Gott für die bereit,
die ihn lieben.

(1. Korinther)　　(2,9)

Hallo, du!
>Warst du schon mal in einem richtig guten
Freizeitlager? Eine ganze Woche Felsklettern, Reiten,
Wandern, Schwimmen, Geländespiele und Spaß auf
der ganzen Linie. Aber glaub bloß nicht, dass das
ganz zufällig so eine tolle Freizeit war. Alle
möglichen Leute haben viele Monate lang gearbeitet
und vorbereitet, um diese ganzen Aktivitäten für
dich zu organisieren.
Genauso habe ich auch den Himmel für dich
vorbereitet. Ich hatte ja reichlich Zeit, daran zu
arbeiten. ;-) Die Erde habe ich in sechs Tagen
gemacht, und die ist mir schon ziemlich gut
gelungen, nicht? Am Himmel und den Wohnungen
darin arbeitet Jesus schon seit weit über
zweitausend Jahren. Du kannst dir nicht einmal
vorstellen, wie traumhaft es dort werden wird. Doch
schon bevor du dorthin kommst, habe ich für dich ein
klasse Leben hier auf der Erde vorbereitet. Also häng
dich an mich. Folge mir nach. Ich habe einige
spannende Sachen für dich in petto. :-)
Was ich vorbereite, wird phantastisch!
>Gott

　　◀ ‖ ▶

Überlass es nicht den Steinen

Laut sangen sie: «Gelobt sei der König, der im Auftrag des Herrn kommt!» ... Empört riefen da einige Pharisäer aus der Menge: «Lehrer, verbiete das deinen Jüngern!» [Jesus] antwortete ihnen nur: «Glaubt mir: Wenn sie schweigen, dann werden die Steine am Weg schreien.»

Lukas		19,38–40

Na, wie läuft's so bei dir?
>Wärst du überrascht zu hören, dass der Lobpreis für meinen Sohn regelrecht in die Schöpfung einprogrammiert ist? Auf die eine oder andere Weise muss von diesem Planeten auf jeden Fall Lobpreis emporsteigen: Lobpreis für seine Güte, Barmherzigkeit und Macht. Dieser Lobpreis lässt sich nicht zum Schweigen bringen oder unterdrücken oder auslöschen. Wenn du ihn an einem Ort verstummen lässt, wird er woanders wieder ausbrechen. :-o Einmal, als eine Menschenmenge Jesus zujubelte und ihn mit ihrem Gesang pries, forderten ein paar neidische Pharisäer ihn auf, sie zum Schweigen zu bringen. Doch Jesus lächelte nur und sagte: «Wenn diese Leute schweigen, dann müssen sogar die Steine am Weg jubeln!» ;-) Du bist dazu geboren, Jesus zu feiern. Verpass nicht das Konzert! Lass dir nicht von einem Haufen Steine den Auftritt stehlen! ;-)
Der Herr, der Anbetung liebt,
>Gott

♡ †   ◀ ❚❚ ▶   🔽

Denn ich bin nicht als Richter der Welt gekommen,
sondern als ihr Retter.

| Johannes | 12,47 |

Hallo, ich grüße dich!
>Hast du das Gefühl, als wollte Jesus dich für jeden Fehler, den du machst, bestrafen? Dann hast du etwas völlig falsch verstanden. Jesus will dich nicht verurteilen, genauso wenig wie irgendjemanden sonst. Wenn Jesus die Welt verurteilen wollte, dann wäre er auf einem großen Streitross auf die Erde gekommen und hätte all seine Feinde niedergemäht. Stattdessen kam Jesus als ein Opfer, um an deiner Stelle zu sterben und dich vor dem Bösen zu erretten. :-o
Sicher, eines Tages wird Jesus zurückkehren, um über die Welt zu richten. Aber bis dahin ist das nicht sein Thema. Jesus interessiert sich vielmehr dafür, Leuten zu helfen – sie zu retten, ihnen einen Ausweg zu verschaffen, ihnen Freiheit zu geben und ihnen einen besseren Weg zu zeigen. Jesus liebt dich. Er ist nicht sauer auf dich. Er will dir helfen. Genauso stehe ich zu dir. Viel zu viele Leute denken, ich wäre ein zorniger Gott, der nur mit Donner und Blitzen um sich wirft. Aber das bin nicht ich, das ist Zeus (und der ist eine Erfindung). Ich will dir nur helfen. :-)
Von Herzen gern dein Retter,
>Gott

[Jesus] antwortete: «Für Menschen ist es unmöglich,
aber nicht für Gott.»

| Lukas | 18,27 |

Schalom!
>Was bist du für ein Typ? Bist du eher ein
Unmöglichkeits-Typ oder eher ein Möglichkeits-Typ?
Ein Unmöglichkeits-Typ schaut sich schwierige
Herausforderungen an und sieht Tausende von
Gründen, warum sie einfach nicht zu bewältigen
sind. Er sieht sozusagen alle Unmöglichkeiten. Ein
Möglichkeits-Typ hingegen schaut sich dieselben
Herausforderungen an und sieht vor allem die vielen
Möglichkeiten, die darin stecken. :-o
Der Möglichkeits-Typ sagt: «Klar, kann sein, dass es
unmöglich ist, wenn du nur auf deine eigene
menschliche Kraft und deine wenigen Fähigkeiten
angewiesen bist. Aber ich habe mehr zur Verfügung.
Der ganze Himmel ist auf meiner Seite, und deshalb
ist für mich alles möglich!» Ganz egal also, worin die
Herausforderungen bestehen, vor denen du heute
stehst: Denk daran, dass ich zusammen mit dir daran
arbeiten werde, weil ich dich liebe. Und nichts –
absolut gar nichts – ist unmöglich für mich. :-)
Unterschätze meine Möglichkeiten nicht!
>Gott

Ich heiße «Herr», und ich bin es auch.
Die Ehre, die mir zusteht, lasse ich mir nicht rauben.
Ich dulde nicht, dass Götterfiguren für meine Taten gerühmt
werden.

Jesaja	42,8

Friede sei mit dir!
>Wenn du auch nur einen kurzen Blick darauf
erhaschen könntest, wie sehr ich dich liebe, würde
dich das kolossal verändern. Wenn du das
verzehrende Feuer meiner Liebe sehen könntest,
wärst du sogar schockiert. Du würdest dich umdrehen
und mich ansehen und fändest keine Worte, um dein
Staunen auszudrücken. Ich heiße «Herr» – und das
bin ich auch. Ich sehne mich nach einer Beziehung
zu dir, die echter, ehrlicher und stärker ist als jede
andere Beziehung in deinem Leben. Ich habe so
vieles, was ich mit dir teilen möchte. Deshalb will ich
eben auch nicht, dass du dich so sehr auf billige
Ersatzbeziehungen einlässt, dass du ihretwegen
blind wirst für mich. >:-(
Denk darüber nach. Gibt es irgendetwas, woraus du
einen kleinen Gott gemacht hast? Ist dir irgendetwas
so wichtig, dass es zwischen uns steht? Überlass den
Platz im Mittelpunkt deines Herzens niemandem
außer mir. Dreh dich um und sieh mich an.
Ich bin der Herr!
>Gott

Sag meine Wahrheit weiter

Ringsum toben die Völker, aber ihre Macht wird erschüttert.
Denn Gott lässt seine mächtige Stimme erschallen, und die Erde
vergeht. Der Herr über Himmel und Erde ist mit uns!
Der Gott Jakobs ist unser Schutz.

| Psalm | 46,7–8 |

Hallo, du hast Post!
>Schaust du manchmal die Nachrichten? Wenn ja,
dann weißt du sicher, in was für einem Chaos sich die
Welt die meiste Zeit befindet. Überall rund um den
Globus finden Kriege statt, und das sind nicht nur
militärische Kriege, sondern auch private. Die Leute
bringen sich aus allen möglichen Gründen
gegenseitig um, meistens motiviert durch Habgier
und den Hunger nach Macht. Familien werden
entwurzelt und auseinander gerissen. Unschuldige
Kinder müssen leiden. Wie ich mich danach sehne,
den Menschen, die nach mir rufen, eine Zuflucht zu
sein! Aber leider wissen viele Menschen nicht
einmal, dass ich überhaupt existiere. :,-(
Deshalb brauche ich auch deine Hilfe, um meine
Wahrheit in diese kriegsgebeutelte Welt
hinauszutragen. Ich brauche dich, damit du den
Menschen mein Wort bringst, so dass sie wissen, wie
nahe ich ihnen bin und wie viel mir an ihnen liegt.
Inmitten aller Konflikte warte ich nur auf die
Gelegenheit, meinen Menschen Schutz zu geben.
Der Herr über Himmel und Erde,
>Gott

Bleibt fest in der Liebe Gottes, und wartet geduldig auf den Tag, an dem euch unser Herr Jesus Christus in seiner Barmherzigkeit zum ewigen Leben führen wird.

| Judas | 21 |

Ich hatte Sehnsucht nach dir!
>Wenn du Christ bist und Jesus darum gebeten hast, die Herrschaft in deinem Leben zu übernehmen, dann kommst du in den Himmel. Super, aber wie sollst du bis dahin leben? Nun, von heute an bis zu dem Tag, an dem du stirbst, ist das Wichtigste, was du tun kannst, dass du in meiner Liebe bleibst. Meine Liebe ist wie ein Wasserfall. Sie strömt ständig vom Himmel auf dich herab. Meine Liebe wird dich reinigen, erfrischen, wiederherstellen und speisen. Darum bleib unter dem Wasserfall meiner Liebe. Das bedeutet, lies die Bibel. Es bedeutet, nimm dir jeden Tag etwas Zeit, um auf mich zu hören und Stille Zeit zu machen. Es bedeutet, dass du mit mir redest, wenn Dinge schieflaufen – aber auch, wenn alles okay ist. In meiner Liebe bleiben heißt, dass du mir gehorsam bist. Irgendwann wirst du hier bei mir im Himmel sein. Bis dahin gilt: Bleib in meiner Liebe. Dein ständiger Liebes-Lieferant, :-)
>Gott

Ein eifriger Mensch, der nicht nachdenkt, richtet nur Schaden an;
und was übereilt begonnen wird, misslingt ...
Der Mensch macht viele Pläne, aber es geschieht, was Gott will.

(Sprüche)   (19,2 und 21)

Hier bin ich wieder!
>Viele Leute zäumen ihr ganzes geistliches Leben
von der falschen Seite her auf. In bester Absicht
denken sie jeden Morgen, wenn sie aufwachen:
«Also, was kann ich heute für Gott tun?» Sie brüten
mit ihrer Kreativität ganz tolle Pläne für mein Reich
aus – finden sie zumindest. Dann krempeln sie die
Ärmel hoch und fangen an, fieberhaft zu arbeiten,
um ihre eigenen Pläne umzusetzen. Dabei fragen sie
mich nie, was ICH eigentlich will. Das ist ungefähr
so, als wenn deine Eltern dir ein mega teures
Geburtstagsgeschenk kaufen, ohne auch nur einen
Gedanken daran zu verschwenden, was du dir
eigentlich wünschst. :-(
Weißt du, ich habe meine eigenen Pläne, an denen
ich dich beteiligen will. Darum sollst du lernen, auf
meine Stimme zu hören. Schau dich um. Finde
heraus, wo ich bereits am Werk bin, und schließ dich
mir an. Du wirst entdecken, wie aufregend es ist, mit
mir zusammen daran zu arbeiten, meine Pläne zur
Vollendung zu bringen.
Bestimmt der beste Planer von allen,
>Gott

Herr, antworte mir doch jetzt, denn ich bin völlig am Ende!
Lass mich nicht allein ... Ich brauche dich! Zeige mir,
wohin ich gehen soll.

> Psalm   143,7–8

E-Mail für dich!
>Weißt du, was das für ein Gefühl ist, wenn man
deprimiert ist? Das ist ein bisschen so, als ob man
gelähmt ist und keinen Fuß mehr vor den anderen
setzen kann. Schon das Aufstehen ist ein Gefühl, als
versuchte man, aus Treibsand herauszukommen. Die
kleinsten Entscheidungen kosten viel zu viel Kraft.
Du kommst dir vor, als wärst du in einer Drehtür
gefangen und könntest nicht aufhören, dich darin zu
drehen. Das Schlimmste ist, dass du schon gar nicht
mehr weißt, wie es ist, dich normal und glücklich zu
fühlen. :-(
Wenn du dich je einmal deprimiert fühlst, rede mit
mir. Sei ganz ehrlich vor mir. Ich will dir helfen. Ich
werde dir zeigen, wie du aus dieser sich endlos
kreiselnden Drehtür herauskommst. Ich zeige dir, wo
du entlanggehen sollst, Schritt für Schritt. Vertrau
mir. Ich habe tolle Gedanken für deine Zukunft. Du
hast gute Zeiten vor dir.
Ich kenne den Fahrplan zu besseren Zeiten,
>Gott

♡ ✝

Ehre deinen Vater und deine Mutter, dann wirst du lange in dem
Land leben, das ich, der Herr, dein Gott, dir gebe.

| 2. Mose | 20,12 |

Schalom!
>Manche junge Leute machen ihren Eltern das Leben
schwer, indem sie auf nichts eingehen, worum ihre
Eltern sie bitten. Andere tun so, als wollten sie mit
am selben Strang ziehen, aber dann tun sie doch nur,
was sie wollen. Manche beschimpfen ihre Eltern
sogar ganz direkt. Ich bitte dich, deine Eltern zu
ehren. Setz dich für sie ein. Komm gut mit ihnen aus.
Zeige ihnen Liebe, auch wenn sie vielleicht nicht die
Eltern sind, die du dir idealerweise wünschen
würdest. Zieh mit ihnen am selben Strang! (Eine
Ausnahme ist, wenn du körperlich oder anderweitig
misshandelt wirst. In diesem Fall sprich mit
jemandem, der dir helfen kann – zum Beispiel einem
Pastor oder einem Vertrauenslehrer.)
Ich habe deinen Eltern die Verantwortung für dich
und deine Familie gegeben, und es wird zu deinem
Segen sein, wenn du sie gut behandelst. Du wirst
lernen, dich selbst und andere zu respektieren,
indem du deine Eltern respektierst. So kommst du zu
einem guten, langen Leben, und das ist genau das,
was ich mir für dich wünsche.
>Gott

Liebe, die offen zurechtweist, ist besser als Liebe,
die sich ängstlich zurückhält.

___Sprüche___ ___27,5___

Friede sei mit dir!
>Wer ist ein besserer Freund? Der, der dir sagt: «He,
du hast da ein bisschen Spinat zwischen den Zähnen
hängen»? Oder der, der dir sagt: «Du siehst prima
aus»? Nun, wenn du tatsächlich Spinat an den
Zähnen hast, dann ist der dein Freund, der dich
darauf aufmerksam macht. Ein Konflikt ist ja nicht
unbedingt etwas Schlechtes. Wenn einer deiner
Freunde ein Problem hat, dann geh hin und sag es
ihm. Aber tu das nicht auf fiese Weise. Tu es, weil du
ihn gern hast und ihm helfen willst. Gibt es unter
deinen Freunden welche, die rauchen oder trinken
oder Drogen nehmen? Sei ehrlich zu ihnen. Sag
ihnen, wie daneben du es findest, dass sie ihre
Gesundheit zerstören. :-(Wenn du selbst es bist, der
etwas Schädliches tut, dann hoffe ich sehr, du hast
einen Freund, der so ehrlich zu dir ist, dich darauf
anzusprechen. Manchmal müssen Freunde ganz offen
miteinander reden, auch wenn es unbequem ist. Es
ist nicht immer alles eitel Friede, Freude, Sahnetorte.
Und das ist okay so. Ein echter Freund hat keine
Angst davor, die Wahrheit zu sagen.
Diesbezüglich ganz dein Freund,
>Gott

Dein Spiegelbild sagt viel

Im Wasser spiegelt sich dein Gesicht, und in deinen Gedanken
und Gefühlen erkennst du dich selbst!

| Sprüche | 27,19 |

Hallo, du!
>Wenn du einem anderen Menschen ins Gesicht
siehst, ist das so, als ob du in den Spiegel oder auf
eine glatte Wasseroberfläche schaust und dein
eigenes Spiegelbild siehst. Du siehst das Potenzial
zum Guten und zum Bösen, das in dir und in jedem
Menschen steckt. Was aus dir wird, hängt davon ab,
was du mit den Möglichkeiten anfängst, die du hast.
Wenn du bei einem anderen Menschen schlechte
Eigenschaften verabscheust, dann denk daran, dass
das Potenzial zu diesen Eigenschaften auch in dir
steckt. Wenn du bei einem anderen die guten
Merkmale bewunderst, die du bei ihm siehst, dann
denk daran, dass auch du das Potenzial zu denselben
Merkmalen hast.
Lass mich dir helfen, die guten Möglichkeiten zu
entwickeln, die in dir stecken, damit du voll
ausschöpfen kannst, was ich in dich hineingelegt
habe. Vor allem schau in das Gesicht meines Sohnes,
und lass mich dich ihm ähnlicher machen.
Wenn du Jesus siehst, siehst du mich,
>Gott

Denn wer seinen Mitmenschen liebt, tut ihm nichts Böses.
So wird durch die Liebe das ganze Gesetz erfüllt.

| Römer | 13,10 |

Na, wie ist dein Tag? Alles okay?
>Wenn ich dich mit einem Messer schneide, tue ich
das dann aus Liebe? Kommt drauf an. :-o Wenn ich
ein Räuber bin und dir dein Geld abknöpfen will,
dann liebe ich dich natürlich nicht. Aber wenn ich
ein Arzt bin, der dich operiert, um dir das Leben zu
retten, dann ja, dann liebe ich dich. Es kommt also
nicht nur darauf an, was du mit einem anderen
Menschen machst, sondern auch darauf, aus welcher
Motivation heraus du es tust. :-o
Hast du zum Beispiel schon mal jemanden verpetzt,
der irgendeine Vorschrift übertreten hatte? Warum
hast du das getan? Wenn es dir nur darum ging, diese
Person in Schwierigkeiten zu bringen, dann hast du
nicht aus Liebe gehandelt. Wenn du aber dadurch,
dass du jemanden verpfeifst, dafür sorgen kannst,
dass er im Moment vor Schaden bewahrt wird und es
ihm damit auf lange Sicht besser ergeht, dann ist es
genau das, was du aus Liebe tun solltest. Liebe sieht
nicht immer so aus wie Liebe. Aber wenn du
jemandem wirklich hilfst, dann ist dein Handeln
durch Liebe motiviert.
Das Gesetz der Liebe ist in mir,
>Gott

Leiere nicht endlose Gebete herunter wie Leute, die Gott nicht kennen. Sie meinen, sie würden bei Gott etwas erreichen, wenn sie nur viele Worte machen. Folgt nicht ihrem schlechten Beispiel, denn euer Vater weiß genau, was ihr braucht, noch ehe ihr ihn um etwas bittet.

| Matthäus | 6,7–8 |

Dieser Punkt ist mir wichtig!
>Wie würdest du Gebet beschreiben? Geht es nur darum, dass du mir sagst, was du brauchst? Wärst du überrascht, wenn ich dir sagen würde, dass ich das sowieso schon weiß? Schließlich habe ich dich ja gemacht. Ich habe dich erdacht, und ich habe dich zusammengesetzt. ;-)
Wenn dir momentan in deinem Leben etwas fehlt, dann weiß ich, was das ist, noch bevor du mich darum bittest. Ich weiß es sogar schon, bevor du selbst es weißt. Zum Beispiel könnte es sein, dass du dich unbehaglich und rastlos fühlst. Du meinst vielleicht, dass du dich nur langweilst. Aber ich schaue in dein Inneres und sehe, dass hinter deiner Unruhe in Wirklichkeit ein Schuldgefühl steckt. Dass du dich zum Beispiel bei jemandem entschuldigen müsstest, es dir aber einfach nicht eingestehen magst. :-(Statt mir zu klagen, was du brauchst, bitte mich doch einfach darum, dir zu zeigen, was genau du wirklich nötig hast. Gebet heißt, dass wir beide uns über alles unterhalten. Lass uns mal reden, von Herz zu Herz. :-)
Herzensdinge sind meine Domäne,
>Gott

Das Wort wurde Mensch und lebte unter uns. Wir selbst haben seine göttliche Herrlichkeit gesehen, wie sie Gott nur seinem einzigen Sohn gibt. In ihm sind Gottes vergebende Liebe und Treue zu uns gekommen.

| Johannes | 1,14 |

Hallo, du hast eine Mail!
>Jesus war die Wahrheit in menschlicher Gestalt. Ich will es mal ganz plastisch ausdrücken: Er war mein Wort, das in der Haut eines Menschen herumlief. Er hatte Augen und Zähne und ein Lächeln und Fingerabdrücke und Zehennägel und alles, was einen ganz normalen Menschen ausmacht. In dieses menschliche Paket habe ich meine ganze Weisheit, meine Gedanken und sogar meine Persönlichkeit hineingepackt. :-o
«Mein Sohn», sagte ich zu Jesus, «ich möchte, dass du auf die Erde gehst und bei meinen Menschen lebst. Sie brauchen mich, aber die meisten von ihnen können mich nicht finden. Geh also hin und zeig ihnen, wie meine Liebe aussieht, ganz persönlich, aus nächster Nähe.»
Du musst nicht darüber spekulieren, was ich für einer bin. Vertrau mir. Wenn du dir das Leben von Jesus anschaust, dann siehst du eigentlich mich. :-)
Der Vater von Jesus,
>Gott

Welchen Wert hat es, wenn jemand behauptet, an Christus zu glauben, aber an seinen Taten ist das nicht zu erkennen! ... Genauso nutzlos ist ein Glaube, der sich nicht in der Liebe zum Mitmenschen beweist: Er ist tot.

| Jakobus | 2,14 und 17 |

Schalom!
>Wenn du an mich glaubst, dann sag nicht einfach nur: «Ich glaube an Gott.» Wenn du an mich glaubst, dann liebe die Menschen, wie ich es auch tue. Ein paar Schüler bauten einmal für ein Physik-Projekt einen Go-Kart. Ihr Lehrer sagte: «Leute, ich glaube, euer Go-Kart wird funktionieren.» Doch als die Schüler ihn fragten, ob er mal eine Probefahrt machen wollte, sagte der Lehrer ganz schnell: «Auf keinen Fall!» Als es für ihn um Kopf und Kragen ging, glaubte dieser Lehrer doch nicht wirklich an seine Schüler, egal, was er vorher gesagt hatte. :-(
Ich möchte, dass du dein Leben für mich einsetzt. Wenn das heißt, dass du jemanden verteidigen musst, auf dem alle herumhacken, dann tu es. Wenn einige deiner Freunde dir den Rücken kehren, weil du liebevoll auf Außenseiter zugehst, beweist das, dass ich dir wichtiger bin als deine eigene Beliebtheit. Wenn du wirklich an mich glaubst, redest du nicht nur so, du handelst auch danach.
Ich möchte, dass du zur Tat schreitest!
>Gott

Warum nur bin ich so traurig? Warum ist mein Herz so schwer?
Auf Gott will ich hoffen, denn ich weiß: Ich werde ihm wieder
danken. Er ist mein Gott, er wird mir beistehen!

| Psalm | 42,12 |

Friede sei mit dir!
>Es gibt eine Menge Dinge, die dir die Stimmung
verhageln können. Zum Beispiel, wenn du dir wie ein
Versager vorkommst. Unfreundliche Worte können
deinen Stolz verletzen und auf deinen Gefühlen
herumtrampeln, so dass du dich am liebsten in ein
Schneckenhaus verkriechen möchtest, damit dir nie
wieder jemand wehtun kann. :,-(
An solchen Tagen möchte ich, dass du, statt dich zu
verstecken, Folgendes tust: Denk daran, dass
Selbstmitleid noch nie ein Problem gelöst hat. Also
richte dich gerade auf, hebe den Kopf und hör mir zu:
Du bist wertvoll – sogar unermesslich kostbar! Du
bist ein Kind des höchsten Gottes. Alle Macht des
Himmels ist heute auf deiner Seite. Nur jetzt nicht
aufgeben! Ich möchte, dass du deiner eigenen Seele
gut zuredest, wie David es tat. Sage: «Kopf hoch,
Seele! Jetzt ist Schluss mit dem Gejammer, jetzt wird
Gott gelobt! Jetzt wird sich am Riemen gerissen und
wieder ins Getümmel gestürzt.» :-)
Der, dem du unendlich wertvoll bist,
>Gott

Auch wenn ich nicht bei euch bleibe, sollt ihr doch Frieden haben.
Meinen Frieden gebe ich euch; einen Frieden, den euch niemand
auf der Welt geben kann. Seid deshalb ohne Sorge und Furcht!

| Johannes | 14,27 |

Hallo, du!
>Wenn man nach den vielen Gewalttaten geht, über
die in den Nachrichten berichtet wird, hat man den
Eindruck, dass echter Friede schwer zu finden ist.
Kriege und Blutvergießen sind überall, auf allen
Kontinenten. Aber zugleich gibt es auch einen
unsichtbaren Krieg, der sich in diesem Moment
vielleicht auch in deinem eigenen Leben abspielt.
Die Kämpfe toben im Innern deines Herzens. Statt zu
akzeptieren, dass ich dich angenommen habe,
verdammst du dich ständig selbst. Statt meine Gnade
zu empfangen, geißelst du dich unentwegt dafür,
dass du nicht gut genug bist. :-(
Lass mich dir Frieden geben! Lass doch meinen Geist
dem Kämpfen ein Ende machen! Ruh dich aus in dem
Bewusstsein, dass ich schon dabei bin, dich in das
Bild meines Sohnes umzugestalten. Bleib in meiner
Nähe, und vertraue darauf, dass ich in deinem Leben
am Werk bin. Dann wird es in deinem Innern friedlich
und gelassen zugehen. :-)
Der Herr des Friedens,
>Gott

Er hat mich in sein Weinhaus geführt;
seine Liebe ist wie eine Fahne am Hause über mir.

((Bruns-Bibel) Hoheslied)   (2,4)

Alles klar bei dir?
>Wenn im Mittelalter eine Armee in den Krieg zog,
führten die Soldaten auf einer Fahne, die über ihnen
im Wind flatterte, das Zeichen des Königs mit sich.
Diese Fahne verriet allen, die sie sahen: «Diese
Armee gehört zu diesem König.» Für mein Reich gibt
es auch eine solche Fahne mit einem Zeichen darauf.
Mein Zeichen über dir ist die Liebe. An meiner Liebe
zu dir werden die Leute erkennen, dass du zu mir
gehörst. :-)
Ich möchte dich segnen. Ich möchte dich rundum
verwöhnen. Ich möchte auch eine Party für dich
veranstalten. Sei nicht schüchtern. Lass mich dich
lieben. Je mehr du dich von mir lieben lässt, desto
mehr werden die Leute sehen, dass du zu mir gehörst,
und sie werden auch eine Beziehung zu mir haben
wollen. Wenn du dich nicht von mir lieben lässt,
wenn du ständig nur herumjammerst und dich fragst,
ob ich dich wirklich liebe, wen willst du damit hinter
dem Ofen hervorlocken? Nimm meine Liebe an. Feiere
mich. Ich feiere dich jeden Tag. So sehr liebe ich
dich. Du bist wunderbar!
Der Liebhaber deiner Seele,
>Gott

Preist ihn! Rühmt ihn! Denn der Herr ist gut zu uns,
seine Gnade hört niemals auf, für alle Zeiten hält er uns die Treue.

| Psalm | 100,4–5 |

Ich bin's wieder mal!
>Hast du dir schon mal gewünscht, du hättest den
Schlüssel zum Glück? So etwas gibt es. Jetzt
schüttelst du vielleicht den Kopf und sagst:
«Quatsch. Das kann gar nicht funktionieren.» Aber
vertrau mir. Meine Kinder benutzen diesen Schlüssel
schon seit zweitausend Jahren, und er führt sie
tatsächlich zum Glück. Neugierig?
Danke mir allezeit in allem. Du hast richtig gehört:
allezeit – in allem. Ich höre schon, wie du sagst: «Er
kann ja wohl nicht von mir erwarten, dass ich ihm
auch für die schlechten Dinge danke.» Nein, ich habe
nicht gesagt: *für* alles. Ich sagte: *in* allem. Ich bin
ein guter Vater. Ich bin damit beschäftigt, alles zu
deinem Besten wirken zu lassen – auch das
Schlechte. Der Teufel ist derjenige, der alles
Schlechte verursacht. >:-(Aber wenn du mich sogar
mitten in den schlimmen Dingen, die dir passieren,
lobst und mir dankst, dann ist das der Schlüssel, um
meinen Segen aufzuschließen. Ich kann selbst das
Unglück zu deinem Besten wenden. Also dreh den
Schlüssel um und preise mich. :-)
Der Schlüsselmeister,
>Gott

Du bist kein Verlierer

Erschaffe in mir ein reines Herz, o Gott; erneuere mich
und gib mir Beständigkeit!

| Psalm | 51,12 |

Gerade dachte ich wieder an dich!
>Ich werde dir jetzt eine schwierige Frage stellen,
und ich möchte, dass du mir eine ehrliche Antwort
darauf gibst. Machst du dich wegen irgendetwas
selbst fertig? Vielleicht kannst du dein Aussehen
nicht leiden. Vielleicht hast du irgendeine blöde
Bemerkung gemacht oder dich wie ein Trottel
benommen, und jetzt läuft das immer wieder in
deinem Kopf ab. Schau mal, ich finde, du siehst
klasse aus, und ich bin stolz auf deinen Verstand.
Vertrau mir, du bist kein Loser! :-)
Aber etwas gibt es, das möchte ich tatsächlich an dir
verändern. Ich möchte dein Herz und deinen Geist
verändern. Ich möchte dir ein so reines Herz und
einen so neuen Geist geben, dass du in der Lage bist,
dich selbst genauso zu lieben, wie ich dich liebe.
Dann wirst du dir nicht mehr ständig Selbstvorwürfe
machen. Wenn du etwas falsch gemacht hast, wirst
du es mir bekennen, meine Vergebung annehmen und
dann ohne diese ständige Selbstverurteilung
weiterleben. :-)
Der, der die Herzen rein macht,
>Gott

Denn das steht unumstößlich fest, darauf dürfen wir vertrauen:
Jesus Christus ist auf diese Welt gekommen,
um uns gottlose Menschen zu retten.

| 1. Timotheus | 1,15 |

Schalom, auf ein Neues!
>Warum ist mein Sohn auf dem Planeten Erde
aufgetaucht? Warum führte er das Leben eines
normalen jüdischen Jungen? Warum wuchs er bei
einfachen Eltern in einem Dorf auf, lernte einen
Beruf, ging zur Synagogenschule? Warum zog er über
staubige Straßen, um zu Fischern und Zöllnern,
Bauern und Hausfrauen zu sprechen? Warum ließ er
stillschweigend eine demütigende Verhaftung und
einen Schauprozess über sich ergehen, obwohl er gar
nichts verbrochen hatte? Warum erlitt er einen
qualvollen Tod am Kreuz, dem grauenhaften
Hinrichtungsinstrument für gemeine Verbrecher? :,-(
Es geschah für die gottlosen Menschen, für die
Sünder. Wer ein Sünder ist? Jeder, der je versagt hat.
Jeder, dem es nicht gelungen ist, ein vollkommenes
Leben zu führen. Kurzum, jeder Einzelne. Auch du!
Für dich hat er gelebt, für dich ist er gestorben und
wieder auferstanden, damit du die Möglichkeit hast,
als mein Kind zu leben. Mein Geschenk des Heils ist
für jeden da, der es annimmt.
Nimmst du Jesus an, nimmst du mich an.
>Gott

Schon vor Beginn der Welt, von allem Anfang an, hat Gott uns, die wir mit Christus verbunden sind, auserwählt ... Aus Liebe zu uns hat er schon damals beschlossen, dass wir durch Jesus Christus seine eigenen Kinder werden sollten.

| Epheser | 1,4–5 |

Du hast wieder Post!
>Auf einer Pressekonferenz wurde der berühmte Theologe Karl Barth einmal gefragt: «Was ist die tiefste Wahrheit, die Sie bei all Ihren Studien entdeckt haben?» Mit entwaffnender Schlichtheit antwortete Professor Barth: «Jesus liebt mich.» :-) Vielleicht bist du gerade erst mit der Schule fertig geworden und hast eine Lehre oder ein Studium begonnen. Vielleicht machst du aber auch gerade ein Freiwilliges Soziales Jahr oder absolvierst einen Zivil- oder Militärdienst. Oder du gehst noch zur Schule. Aber ganz egal, wie lange du dich in Studien über irgendein Thema vertiefst: Du wirst niemals eine gleichermaßen das Leben verändernde Wahrheit entdecken wie die Wahrheit, dass mein Sohn dich liebt. Wenn du bis zum Hals in Hausaufgaben steckst, wenn du mit deinen Freunden und Freundinnen nur Stress hast oder wenn du mit dir selbst unzufrieden bist, dann klammere dich an diese felsenfeste Wirklichkeit: Jesus liebt dich. Mein Plan war es schon immer, dich durch seine wunderbare Liebe in meine Familie aufzunehmen.
>Gott

Heile du mich, Herr, dann werde ich geheilt, hilf mir,
dann ist mir geholfen! Ich preise dich allein!

| Jeremia | 17,14 |

Friede sei mit dir!
>Wenn du anfängst, mich beim Wort zu nehmen,
werden sich in deinem Leben haufenweise Dinge
verändern. Ich habe dir gesagt, dass du mein eigenes
Geschöpf bist, und doch siehst du dich manchmal
selbst als unwürdig an. Ich habe dir gesagt, dass ich
einen Plan für dein Leben habe und etwas mit dir
bezwecke, und doch gibt es Tage, an denen du keine
Hoffnung hast. Ich habe dir gesagt, dass ich dich
liebe und dich nie verlassen werde, und doch fühlst
du dich manchmal ungeliebt und allein. Ich habe dir
gesagt, dass du dich nicht zu fürchten brauchst, und
doch schlägst du dich mit so vielen Ängsten
herum. :-(
Meine Worte haben Kraft, aber sie können dir nicht
helfen, solange du sie nicht glaubst. Ich bin ein
Ratgeber, ein Freund und ein Vater, aber ich kann
dich nicht anrühren, wenn du mich nicht in deine
Nähe lässt. Der Weg zum Leben ist ganz einfach und
klar: Lerne mich kennen, vertraue meinem Wort von
ganzem Herzen, rufe zu mir, und ich werde in deinem
Leben handeln. :-)
Mein Arm ist nicht zu kurz!
>Gott

Der Mensch lebt nicht allein von Brot, sondern von allem, was Gott ihm zusagt!

| Matthäus | 4,4 |

Hallo, du!
>Du kannst Marmeladenbrötchen zum Frühstück essen, Hamburger zum Mittag und Pizza zum Abendessen und immer noch ein leeres Herz haben. Brot kann einen hungrigen Magen füllen, aber nur mein Wort kann ein hungriges Herz satt machen. Nur mein Wort kann deinen inneren Hunger nach Wahrheit stillen. :-o
Was die Wahrheit ist? Die Wahrheit ist, dass ich dich liebe. Die Wahrheit ist, dass ich dich geschaffen habe, damit du in einer aufregenden Beziehung mit mir lebst. Die Wahrheit ist, dass ich, als deine Sünde dich noch von mir trennte, Jesus zu dir geschickt habe, um dir eine Brücke zu meiner Barmherzigkeit zu bauen. Diese Brücke hat die Form eines Kreuzes. Nur diese Wahrheiten können dich satt machen und dir Kraft für den schwierigen Weg geben, der noch vor dir liegt. Iss also Brot, um deinen körperlichen Hunger zu stillen. Aber sättige dich an meinem Wort, wenn dein Herz nach Wahrheit hungert.
Das Brot des Lebens,
>Gott

Durst nach Wahrheit?

Wer aber auf seine Botschaft hört, der bestätigt damit:
Gott ist zuverlässig und wahrhaftig. Christus ist von Gott zu uns
gesandt. Er redet Gottes Worte, weil Gottes Geist ihn
ganz und gar erfüllt.

| Johannes | 3,33–34 |

Na, kannst du noch etwas Wahrheit vertragen?
>Wenn Leute sich auf die Suche nach Jesus machen,
dann finden sie ihn auch. Wer Durst nach Wahrheit
hat und bereit ist zu glauben, wird eine Quelle der
Wahrheit entdecken. So war es, als Jesus auf der Erde
lebte. Wenn Menschen offen waren für seine Worte,
bekamen sie lebendiges Wasser zu trinken. Doch
wenn sie ihre Ohren mit Zweifeln verstopften, dann
gingen sie meist durstig wieder davon. :-(
Genauso ist es auch heute. Wenn du in meinem Buch,
der Bibel, nach Jesus suchst, stehst du immer vor
einer Wahl. Du kannst mit Offenheit und Vertrauen
lesen und alles finden, wonach es dich dürstet. Oder
du kannst so cool sein, dass du die einfache Wahrheit
nicht mehr sehen kannst, weil du entschlossen bist,
Widersprüche und Unstimmigkeiten aufzuspüren. Auf
diese Weise wirst du mein Buch wieder zuklappen
und immer noch durstig und unerfüllt sein. Die
Entscheidung liegt bei dir. Vertrau mir, und ich werde
deinen Durst stillen. Versprochen. :-)
Die Quelle der Wahrheit,
>Gott

Gib jedem, der dich um etwas bittet, und weise keinen ab,
der etwas von dir leihen will.

| Matthäus | | 5,42 |

Ich bin's mal wieder!
>Obdachlose sind interessante Leute. Sicher, manche
von ihnen sind schmutzig, manche sind faul, manche
sind Lügner, manche sind gefährlich, manche sind
verrückt. Aber ganz viele sind schlicht und einfach
arbeitslos. Das alles spielt für mich keine Rolle.
Meine Liebe gilt ihnen allen, und ich möchte, dass
auch du sie liebst. Aber bitte schalte dabei deinen
Verstand nicht ab. :-o
Du solltest zum Beispiel nicht jemandem Geld geben,
damit er sich dann Alkohol davon kauft. Wenn
jemand dir sagt, dass er Geld für etwas zu essen
braucht, warum lädst du ihn dann nicht zu einem
Essen am nächsten Schnellimbiss ein? Wenn einer
nur auf Geld aus ist, wird er das ablehnen, und du bist
aus dem Schneider. Wenn er wirklich Hunger hat,
wird er sofort Ja sagen, und du hast die Möglichkeit,
jemandem, den ich liebe, etwas zu essen zu geben
und von mir zu erzählen. Arme Leute liegen mir am
Herzen, und ich möchte, dass auch du ihnen
gegenüber nicht gleichgültig bist. Wenn du dich
nicht um sie kümmerst, wer wird es dann tun?
Ich will für sie zum Thema werden,
>Gott

♡ ✝   ◄ ‖ ►   🔽

Wachet, steht im Glauben, seid mutig und seid stark!
Alle eure Dinge lasst in der Liebe geschehen!

(Luther 1999) 1. Korinther   16,13–14

Hallo, hast du etwas Zeit?
>Stell dir vor, du müsstest den ganzen Tag in einem
Clownskostüm herumlaufen. Morgens beim
Zähneputzen schaust du in den Spiegel und siehst
einen Clown. Wenn du die Straße entlanggehst,
schlurfen deine langen Clownsschuhe über das
Pflaster. Wenn du in die Schule gehst, bist du
buchstäblich der Klassenclown! Was meinst du, was
das wohl für ein Gefühl wäre, den ganzen Tag alles als
Clown zu machen? ;-)
Nun, ich möchte nicht, dass du in einem
Clownskostüm herumläufst, sondern «in der Liebe».
Geh in der Liebe die Straße entlang. Wenn jemand dir
auf die Nerven geht, reagiere in der Liebe. Wenn du
einkaufen gehst, tu es in der Liebe. Wie wäre es,
wenn alles, was du den ganzen Tag über tust, in der
Liebe geschehen würde? Wenn du den ganzen Tag
über im Clownskostüm herumläufst, wirst du damit
eine Menge Leute zum Lachen bringen. Trägst du
dagegen den ganzen Tag ein «Liebeskostüm», so
wirst du damit eine Menge Leute dazu bringen, sich
geliebt zu fühlen. Und du musst noch nicht einmal
diese langen Schlappschuhe anziehen. ;-)
Der, der dir Freude gibt, >Gott

Da erschien [Gideon] der Engel des Herrn und sagte:
«Der Herr steht dir bei, du starker Kämpfer!»

(Richter) (6,12)

Wie geht es dir heute?
>Wenn du dir wie eine Niete oder ein Versager
vorkommst, wie ein Schwächling oder wie ein
Jammerlappen, dann sieh dich selbst mal so, wie ich
dich sehe. In meinen Augen hast du das Zeug zu
einem starken Helden, zu einem Kämpfer, einer
Kämpferin! :-o
Wenn die Welt nach einem Helden sucht, dann sucht
sie einen «Superman», der mit einem Satz über
Hochhäuser springen kann. Aber ich achte mehr auf
die geistlichen Muskeln, und da sehe ich dein
Potenzial. Du kannst ein «geistlicher Kämpfer»
werden, genau wie Gideon, der die riesige Armee der
Midianiter mit nur dreihundert Mann bezwang. Oder
wie Josua, der die Mauern von Jericho zum Einsturz
brachte, weil er mir vertraute und meinen
Anweisungen folgte. Das sind nicht einfach nur
spannende Geschichten. Es sind wahre Berichte, die
ich in meiner Bibel festgehalten habe, um deinen
Glauben aufzubauen und zu stärken. Glaub mir. Ich
mache dich zum Helden und zur Heldin!
Immer gern dein Beistand,
>Gott

♡ † ◄ ‖ ► ⤓

Auch der Menschensohn ist nicht gekommen, um sich bedienen zu lassen. Er kam, um zu dienen und sein Leben hinzugeben, damit viele Menschen aus der Gewalt des Bösen befreit werden.

| Markus | 10,45 |

Friede sei mit dir!
>Wenn je irgendjemand Anspruch darauf hatte, in einem Schloss mit vielen Dienern zu leben, die sich vor ihm verneigen, dann war das Jesus. Er war der höchste König, und doch führte er ein ganz einfaches Leben. Er war total bescheiden, aber in seiner Liebe war er radikal. Als er auf die Erde kam, erwartete er gar nicht, dass alle um ihn herumscharwenzeln und ein Riesenbrimborium darum machen, wer er war. Im Gegenteil, er gab seine wahre Identität nur gegenüber einigen wenigen Menschen preis. Er kleidete sich ganz einfach, schlief auf dem kalten Boden und schloss Freundschaft mit richtigen Außenseitern: etwa mit Gesetzesbrechern, Zolleinnehmern (die hatten damals einen ganz schlechten Ruf!) und Leprakranken. :-o
Jesus war ein Mann mit einer Mission. Er kam nicht, um bedient zu werden, sondern um zu dienen. Er kam nicht, um zu nehmen, sondern um sein Leben als Lösegeld hinzugeben für alle, die ihm vertrauen. Möchtest du einer von denen sein, die das tun? Was die Welt braucht, ist Hingabe.
>Gott

Pause muss einfach sein

Achte den Sabbat als einen Tag, der mir allein geweiht ist!
So habe ich es dir befohlen. Sechs Tage sollst du deine Arbeit
verrichten, aber der siebte Tag ist ein Ruhetag,
der mir, dem Herrn, deinem Gott, gehört. An diesem Tag sollst du
nicht arbeiten ...

> 5. Mose   5,12–14

Hallo, du!
>Du kannst nicht ununterbrochen arbeiten. Oder
kann etwa ein Rennwagen die 500 Meilen von
Indianapolis ohne einen einzigen Boxenstopp
durchfahren? Ich habe dich genauso gemacht. Du
brauchst Pausen. Wenn ich einen Tag Pause eingelegt
habe, nachdem ich die Welt geschaffen hatte, dann
kannst doch auch du dir einen Tag wöchentlich
freinehmen. ;-)
Jetzt denkst du: «Klar, meine Eltern lassen mich
locker einen Tag blaumachen, haha!» So müsste es
gehen: Mach einen Deal mit ihnen, wonach du all
deine Arbeiten schon vor deinem freien Tag
erledigst. Deine Eltern werden so verdattert sein,
wenn du den Rasen schon einen Tag früher mähst,
dass sie wahrscheinlich gern damit einverstanden
sind. Wenn dann dein freier Tag kommt, beginne ihn
damit, dass du Zeit mit mir verbringst. Und dann
mach mal was ganz anderes. Geh hinaus. Hab Freude
an meiner Schöpfung. Höre auf mich, und ich werde
dir an deinem freien Tag Dinge sagen, die du in der
Hektik der Woche nicht hören konntest. Probier's mal
aus! Wir treffen uns. :-)
Der Herr des Sabbats, >Gott

Die Goldene Regel bringt's

So wie ihr von den Menschen behandelt werden möchtet,
so behandelt sie auch. Denn das ist die Botschaft des Gesetzes
und der Propheten.

| Matthäus | 7,12 |

Na, bist du voll im Swing?
>Ich wette, du könntest mir aus dem Stand eine Liste von Dingen aufzählen, von denen du möchtest, dass andere sie für dich tun. Du möchtest, dass dein kleiner Bruder die Finger von deinen Sachen lässt. Du möchtest, dass deine Eltern dir zuhören, wenn du versuchst, mit ihnen zu reden. Du möchtest, dass deine Lehrerin bei deiner Mathe-Arbeit ein Auge zudrückt. Und so weiter. ;-)
Wie wär's, wenn du anfangen würdest, dein Leben mal aus einer ganz anderen Perspektive zu betrachten? Fang doch mal an, darüber nachzudenken, was diese anderen Leute sich wünschen, anstatt dir ständig nur einen Kopf über dich selbst und deine persönlichen Wünsche zu machen. Versuch zum Beispiel mal, ein bisschen mehr Zeit mit deinem kleinen Bruder zu verbringen – das würde ihm vielleicht gefallen. Versuch mal, deinen Eltern zuzuhören, wenn sie mit dir reden wollen. Versuch mal, hin und wieder in Mathe aufzupassen. ;-) Es ist eigentlich ganz einfach. Denk mehr an die anderen als an dich selbst.
Der Erfinder der Goldenen Regel,
>Gott

Denn eins steht fest, Brüder und Schwestern:
Wir haben nicht mehr viel Zeit ... Denn diese Welt mit allem,
was wir haben, wird bald vergehen.

(1. Korinther)　(7,29 und 31)

Hallo, ich bin's erneut!
>Ob du's glaubst oder nicht, die Welt wird einmal ein Ende haben. Ich bin nicht einer von diesen zornigen Straßenpredigern, die sich hinstellen und «Das Ende ist nahe!» brüllen. Ich bin Gott. Und in meiner Bibel sage ich: «Die Zeit ist kurz. Das Ende ist nahe.» Hattest du vor, erst mal ein bisschen Spaß zu haben mit Sex, Drogen, Alkohol und Partys? Dachtest du, mit mir könntest du dann später noch ganze Sache machen? Nun, für solche Spielchen ist eigentlich keine Zeit mehr. :-(
Ich habe dich geschaffen, damit du große Dinge tust; Dinge, die dir und anderen zum Segen werden sollen. Dinge, durch die die Welt besser werden soll. Ich warte darauf, dass du dich ganz auf mich einlässt. Ich bin auf der Suche nach Leuten, die «verrückt» genug sind, diese Dinge auf meine Weise anzugehen – nicht morgen, sondern jetzt. Bist du dabei oder nicht? Wenn du meinst, dein Leben hätte keinen Einfluss, dann irrst du dich. Niemand sonst kann tun, was ich für dich zu tun habe. Das hier ist kein Spiel. Es ist Wirklichkeit, und die Zeit wird knapp.
Der, der dich unermüdlich anspornt,
>Gott

♡ †　　◀ ❚❚ ▶　　🔽

Wir beurteilen auch niemanden mehr nach rein menschlichen Maßstäben.

| 2. Korinther | 5,16 |

Schalom, halte durch!

>Heute möchte ich, dass du in der Schule, an der Uni oder auf der Arbeit ein Experiment machst. Tu so, als hätte ich dir eine Brille mit ganz besonderen Gläsern gegeben. Wenn du Leute durch diese Brille anschaust, siehst du sie so, wie ich sie sehe. Der so genannte Volltrottel, den du so peinlich findest, ist in Wirklichkeit tapfer und einfühlsam. Der Dummkopf, der deiner Meinung nach außer Fußballspielen nichts auf dem Kasten hat, hat ein Herz, das zu großer Weisheit fähig ist. Und die Rechtsanwaltstochter, die immer so eingebildet auf dich wirkt, ist in Wirklichkeit schüchtern und unsicher und braucht eine gute Freundin. :-o
Nichts ist mehr so, wie es schien, bevor du die Brille aufgesetzt hast. Auf einmal merkst du, dass es eigentlich gar keine Volltrottel, Dummköpfe und Snobs gibt – nur Leute; Menschen, die ich geschaffen habe. Und wenn du sie erst einmal so siehst wie ich, dann helfe ich dir auch, ihnen mit meiner Liebe zu begegnen. Also, setz meine Brille auf und schau dich um!
Ich habe ganz bestimmt den Durchblick, ;-)
>Gott

Herr, deine Güte ist unvorstellbar weit wie der Himmel,
und deine Treue reicht so weit, wie die Wolken ziehen.

(Psalm)　　　　(36,6)

Du hast mal wieder Post!
>Meine Liebe ist anders als jede andere Liebe, die du
kennst. Und was die Menschen um dich her betrifft:
Jeder hat mal einen schlechten Tag. Manchmal sind
die Leute das Leben einfach leid, haben die Nase voll
und halten es einfach nicht mehr aus. Hat zu dir
schon mal jemand gesagt: «Du raubst mir noch den
letzten Nerv»? Das lag daran, dass diese Person eben
nur ein Mensch ist, dem in diesem Moment die Liebe
ausgegangen war. ;-)
Aber mir geht die Liebe niemals aus. Ich habe mehr
als genug davon. Egal, wie schlecht du dich
benommen hast, und egal, wie beschäftigt ich deiner
Meinung nach bin, ich werde nie grausam zu dir sein.
Ich werde nie ein fieses Wort zu dir sagen. Ich werde
dich niemals irgendwie verletzen. Ich werde dich
nicht anschreien, wenn du es nötig hast, dass ich dir
zuhöre. Ich werde dich niemals ignorieren, wenn du
meine Aufmerksamkeit brauchst. Hab also keine
Angst. Komm zu mir, wann immer du willst. Ich liebe
dich.
Ich bin der «ganz Andere»,
>Gott

♡ †　　　　◀ ❙❙ ▶　　　　🔽

Jeder soll dem anderen helfen, seine Last zu tragen.
Auf diese Weise erfüllt ihr das Gesetz, das Christus uns
gegeben hat.

Galater	6,2

Hallo, du!
>Stell dir vor, deine Freundin aus der
Leichtathletik-Mannschaft bricht sich das Bein und
kann für den Rest der Saison nicht mehr laufen.
Würdest du dann denken: «Bin ich froh, dass es *mich*
nicht erwischt hat!»? Oder vielleicht: «Jetzt, wo sie
nicht mehr im Rennen ist, habe ich vielleicht eine
Chance auf den ersten Platz!»?
Wenn dir solche Gedanken durch den Kopf gehen,
dann sag es mir. Ich möchte, dass du dich deiner
Freundin gegenüber verhältst, wie Jesus es tun
würde. (WWJD – das kennst du doch, oder?) Versuch
dir vorzustellen, wie sie sich jetzt wahrscheinlich
fühlt. Biete ihr praktische Hilfe an – etwa, indem du
ihre Bücher trägst oder sie zum Training mitnimmst,
damit sie wenigstens von der Seitenlinie aus noch
Teil der Mannschaft sein kann. Mein Plan für dein
Leben ist, dass du ihr und auch anderen hilfst, ihre
Probleme zu tragen. Einer trage des andern Last.
Denk daran, Jesus hätte auch im Himmel bleiben und
dich ohne einen Freund auf der Erde lassen können.
Aber er ist zu euch gekommen! :-)
Der Herr der Barmherzigkeit,
>Gott

Die Liebe zur Wahrheit

Sag einfach «Ja» oder «Nein». Alle anderen Beteuerungen zeigen nur, dass du dich vom Bösen bestimmen lässt.

Matthäus	5,37

Na, wieder mal online? ;-)
>Ist dir schon mal jemand begegnet, bei dem du den Eindruck hattest, er erfindet lieber irgendeine Lüge, als die schlichte Wahrheit zu sagen? Kennst du jemanden, der immer gern übertreibt, um alles, was er sagt, ein bisschen aufzumotzen? Oder kennst du jemanden, der immer verspricht, pünktlich zu sein, und dann trotzdem zwanzig Minuten zu spät kommt? Es ist schwer, solchen Leuten zu vertrauen und sie ernst zu nehmen. :-(
Ich möchte nicht, dass du so lebst. Deine Aufrichtigkeit ist mir wichtig. Wenn du die Wahrheit sagst, zeigst du damit Respekt vor der anderen Person, vor dir selbst und vor mir. Wenn du nicht sicher bist, ob du eine Verpflichtung übernehmen kannst, dann versprich es auch nicht. Sage lieber: «Lass mich darüber beten (oder nachdenken). Ich sage dir dann Bescheid.» Dein Ja soll ein Ja und dein Nein soll ein Nein sein. Fang gleich heute damit an, die Wahrheit so sehr zu lieben, wie ich es tue. :-)
Der, der die Wahrheit ist,
>Gott

Freut euch mit den Fröhlichen!
Weint aber auch mit den Trauernden!

| Römer | 12,15 |

Na, bist du heute gut drauf?
>Ist es dir schon mal passiert, dass du voller Stolz
deine Freude über ein gutes Zeugnis mit deinen
Freunden teilen wolltest, aber die machten nur
gleichgültige Gesichter und verdarben dir den
ganzen Spaß? Tut weh, nicht? Deshalb solltest du
auch mit anderen Leuten nicht so umgehen. Wenn
eine Freundin ganz begeistert über irgendetwas zu
dir kommt, dann sei nicht neidisch auf sie. Rede auch
nicht abfällig über das, was sie getan oder erlebt hat.
Wenn sie wegen irgendetwas ganz aus dem Häuschen
ist, dann sei du auch ganz aus dem Häuschen. :-)
Ebenso, wenn einer deiner Freunde niedergeschlagen
ist, dann lach ihn deswegen nicht aus. Sag nicht, er
solle sich zusammenreißen oder sich nicht so
anstellen. >:-(Fühle mit ihm. Nimm Anteil. Zeig
Verständnis. Hör zu. Mein Sohn Jesus war voller
Barmherzigkeit gegenüber jedem, dem er begegnete.
So ist das nun einmal, wenn man zu meiner Familie
gehört: Man fühlt mit, was andere Leute fühlen. Also
keine Angst vor Emotionen. Vergiss mal das Coolsein.
Werde echt.
Der Barmherzige,
>Gott

Immer wieder gebrauchte er solche Gleichnisse.
Wenn er aber später mit seinen Jüngern allein war,
erklärte er ihnen die Bedeutung.

| Markus | 4,34 |

Ich habe Sehnsucht nach dir!
>Du bist ständig auf Achse, umgeben von Leuten und
mit allem Möglichen beschäftigt. Wie kann ich da
zwischen Tür und Angel ein Wort mit dir wechseln? Es
gibt Wahrheiten, die ich dir gerne zeigen möchte,
erstaunliche Dinge, die ich dir erzählen möchte. Aber
du wirst nie meine Stimme vernehmen, wenn du
nicht wirklich bereit bist, mal einen Gang
herunterzuschalten, mir zuzuhören, die Bibel
aufzuschlagen und zu lesen. :-(
Drei Jahre lang verbrachten die Jünger jeden Tag
eine gewisse Zeit allein mit Jesus. Er machte sie
durch Gleichnisse und Beispiele mit meinem Reich
vertraut. In ihm erkannten sie mich. Und obwohl es
noch eine Menge Dinge gab, die sie nicht verstanden,
half ihnen später der Heilige Geist, die Puzzleteile
zusammenzusetzen. :-)
Das Rätsel und das Wunder des Lebens warten immer
noch darauf, dass du sie entdeckst, und der Heilige
Geist will dir helfen, das alles zu verstehen. Also,
zieh dich mal zurück aus dem Getöse. Werde still und
höre auf mich. :-)
Ich rede mit den Meinen,
>Gott

♡ ✝   ◀ ❚❚ ▶   📥

Setz dein Vertrauen auf mich

Manche Völker schwören auf gepanzerte Kriegswagen
und auf die Kampfkraft ihrer Reiterheere. Wir aber vertrauen auf
die Kraft des Herrn, unseres Gottes.

Psalm	20,8

Schalom!
>Erinnerst du dich daran, wie Mose mein Volk aus
Ägypten geführt hat? Sie waren schon fast am
Schilfmeer, als der Pharao und seine Armee
beschlossen, hinter ihnen herzujagen. Die Soldaten
bestiegen ihre mächtigen Schlachtrösser, kletterten
in ihre glänzenden Kriegswagen und stürmten durch
die Wüste hinter meinem Volk her (das größtenteils
zu Fuß unterwegs war). Hatte mein Volk überhaupt
eine Chance gegen die ganze mächtige Armee der
Ägypter? :-o
Und ob sie eine hatten! Warum? Weil sie ihr
Vertrauen auf etwas setzten, das stärker war als alle
Pferde und Kriegswagen. Sie hatten einen
wundertätigen Gott auf ihrer Seite. Ich teilte das
Schilfmeer, so dass mein Volk hindurchgehen konnte,
und als die Ägypter hinter ihnen herstürmten, ließ
ich das ganze Wasser über ihnen mitsamt Pferden
und Kriegswagen zusammenstürzen. Darum setz dein
Vertrauen auf mich, selbst dann, wenn alles
hoffnungslos scheint. Ich bin mächtiger als jeder
Feind! :-)
Der Herr der Gerechtigkeit,
>Gott

Ihr betet zu Gott als eurem Vater und wisst, dass er jeden von euch nach seinem Verhalten richten wird; er bevorzugt oder benachteiligt niemanden. Deswegen führt euer Leben in Ehrfurcht vor Gott, solange ihr als Fremde mitten unter den Menschen lebt, die nicht an Christus glauben.

| 1. Petrus | 1,17 |

Friede sei mit dir!
>Wenn du auf eine Wochenendfreizeit fährst, weit weg von zu Hause, kannst du dich in der Regel anders als sonst benehmen. Du kannst den Leuten Sachen über dich selbst sagen, die du den Leuten in deiner Schule nie erzählen würdest. Du kannst mehr riskieren. Warum? Weil du die anderen Teilnehmer der Freizeit möglicherweise nie wiedersehen wirst. ;-)
Genau wie diese Wochenendfreizeit ist auch dieser Planet nicht für immer dein Zuhause. Selbst wenn du hundert Jahre hier lebst, ist das aus meiner Sicht gar nicht so lange. Du bist in diesem Leben nur auf der Durchreise. Wenn du stirbst, wirst du – falls du mir erlaubt hast, dich in meine Familie aufzunehmen – den Rest der Ewigkeit bei mir im Himmel verbringen. Denk daran und binde dich nicht zu sehr an diese Welt. Mach dir keinen Kopf, was die Leute über dich denken. Halt dich lieber an mich und meine Meinung. Auf mich kommt es an, denn ich werde für immer bei dir sein. :-)
Dein ewiger Vater,
>Gott

Die Autoren

Claire Cloninger hat als Lyrikerin schon viele Preise gewonnen. In den Vereinigten Staaten ist sie eine bekannte Schriftstellerin und gefragte Rednerin. Sie ist dort inzwischen eine der führenden Sprecherinnen in den christlichen Medien. Fünfmal hat sie den Preis der Gospel Music Association gewonnen, und ihre Lieder wurden von Künstlern wie Amy Grant, Sandi Patti, Wayne Watson und B. J. Thomas aufgenommen. Sie hat mehr als zwei Dutzend Musicals für Kirchenchöre geschrieben, darunter auch *My Utmost for His Highest* (Mein Äußerstes für sein Höchstes), *Experiencing God* und *Welcome to Our World*.

Claire hat den Universitätsabschluss in Pädagogik von der University of Southwestern Louisiana in Lafayette, wo sie 1991 zur besten Absolventin ernannt wurde. Ihre großen pädagogischen Fähigkeiten setzt sie v. a. in ihrem landesweiten Dienst als inspirierende Rednerin und auch als Leiterin von Freizeiten ein. Claire und ihr Mann Robert, ein Künstler, leben in einem Blockhaus am Ufer des Alabama-Flusses. Sie sind aktive Mitglieder der Christ Anglican Church, haben zwei erwachsene Söhne (der eine davon ist **Curt Cloninger**, Claires Co-Autor), zwei Enkelinnen und einen Enkel. Curt arbeitet als Internet-Administrator, ist verheiratet mit Julie und hat eine Tochter.